里見洋司
Hiroshi Satomi

農業普及員ひろしの

トルコ日記

56才の誕生日を目前にチャレンジ
2年間の奮闘記

まつやま書房

1. イスタンブールの世界遺産

左がスルタンアフォメット寺院
　（ブルーモスク）
右がアヤソフィアミューゼ
　（アヤソフィア博物館）
いずれもユネスコの世界遺産の
制度制定時に認定された。

アジアとヨーロッパを隔てるボスポラス海峡からの眺め。

2. ギレスンの街並み
黒海と山に挟まれた
限られた空間に広がっている。

3. 黒海に沈む夕日
夏至を挟んで約1か月間、アパートの
窓から見ることが出来た。

4. ギレスン国際フェスティバルにて
民族衣装を着て踊る女の子たち。

5. 着任して間もなく知り合った
　　　　　　　　　　アブドゥラ君
脚は不自由だがとても元気！

6. チャモルックのウスジャ村の景色
背後の山々には、灌木しか生えない。

7. ドゥスンさんのハウス（温室）にて、初めて収穫されたいちご。
モデルはドゥスンさんの姪。

8. プナルル村のサジュックさん（写真左）の自宅にてコルジャン氏とともに、ノアの箱舟由来の甘味料理（アシュレ）を賞味。

9. 夏の間、高原地帯の放牧地で過ごした羊たちは、秋が深まると谷間の村へ移動する。トルコでは、国道であっても常に移動する家畜が優先です。

10. 金曜日の午後の礼拝
１週間の中で最も重要なのが、この礼拝。大統領の勧めもあり、参加者が増え続けている。

11. 毎週、土曜日に近くの公園にて清掃活動を行っていたところ、取材を受け、新聞の掲載された。SNSでは３０００件以上のいいね！

12. 熊本震災の被災地に向けて、配属先の職員や小学校の子供たちとともにメッセージとプレゼント（トルコの伝統的な魔除け＝ナザールボンジュ）を送った。

13. ギレスンのマラソン大会にて優勝！毎週末に続けてきたジョギングの成果！

14. 配属先（ギレスン県農業食糧畜産局）から見えた見事な虹！

15. チャモルック高校の会議室にて行った活動報告会。
2年間の取り組みを地域の人たちにトルコ語で説明した。

16. 配属先の送別会。
12月30日に先に帰国するSVと併せて行われた。
局長からのプレゼントは、サッカートルコ代表のユニフォーム。しかも名前入り。

T.C.
GİRESUN VALİLİĞİ
İL GIDA TARIM VE HAYVANCILIK
MÜDÜRLÜĞÜ

Güzel Çamoluk

Bir Japon'un penceresinden...

Çamoluk Merkezi ve Şelale

Çamoluk Şehir Merkezi

Japon Uluslararası İşbirliği Ajansına (JICA) bağlı olarak 2 yıldır Giresun'da çalışıyoruz. Zaman zaman proje için Çamoluğa gidiyoruz.

Çamoluk küçük bir şehir ama doğası çok güzel ve sıcakkanlı insanları var.

Biz burayı ve bu güzellikleri çok seviyoruz.

Size de göstermek istedik.
İyi seyirler!

Giresun İl Gıda Tarım ve Hayvancılık Müdürlüğü
JICA Kıdemli Gönüllü Ofisi
Teyyaredüzü Mah. Atatürk Bulvarı No: 261 Giresun
Telefon: 0454 215 16 72
Fax: 0454 215 73 95

İNSANLAR

Çamoluğu seyredebileceğiniz en güzel yer...
Ağustos Pınarlı Köyü

İnsanları Çamoluk Kuru Fasülyesi ile buluşturduk.

Anne eli değmiş gibi sıcak ekmekler.
Haziran Gücel Köyü

BİZİM FAALİYETLERİMİZ

DOĞA

Yaylada dans eden çiçekler.
Temmuz Pınarlı Köyü

Su hayatın kaynağıdır.
Ağustos Usluca Köyü

Camiye kim gitti?
Aralık Pınarlı Köyü

GIDA

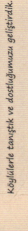

Çok çalışkan !
Temmuz Gücel Köyü

Kuru Fasülye sergisi burada !
Eylül Yenice Köyü

BİZİM FAALİYETLERİMİZ

Çilek yetiştiriciliğini öğrettik.

Köylülerle tanıştık ve dostluğumuzu geliştirdik.

Afiyet olsun !
Eylül Usluca Köyü

Tarım ürünlerinin kalitesini arttırmak ve daha iyi pazarlanması için toplantılar yaptık.

T.C.
GİRESUN VALİLİĞİ
İL GIDA TARIM VE
HAYVANCILIK MÜDÜRLÜĞÜ

Güzel Giresun

Bir Japon'un penceresinden...

Irmağın yanındaki orman...
Temmuz / Çamoluk

Güneş batında kuruyan fındıklar...
Ağustos / Giresun

Japon Uluslararası İşbirliği Ajansına (JICA) bağlı olarak 1 yıldır Giresun'da çalışıyoruz. Her gün doğa, hayvanlar ve insanlarla birlikteyiz.

Giresun'da güzel deniz ve dağlık manzaralar var.

Biz Japon'lar burayı bu güzellikleri çok seviyoruz.

Size de göstermek istedik.

İyi seyirler!

İL GIDA TARIM VE HAYVANCILIK MÜDÜRLÜĞÜ
JICA Kıdemli Gönüllü
Atatürk Bulvarı No: 261 Giresun
Tel: 0454 2151672 Fax: 0454 2157395

İNSANLAR

Ben denizde doğdum...
Ağustos / Giresun

Uluslararası Giresun Aksu Festivali...
Mayıs / Giresun

...el değmemiş gibi sıcak ekmek...
Haziran / Çamoluk

TARIM VE HAYVANLAR

Fasulyenin annesi... Temmuz / Çamoluk

Birlikte yiyelim...Temmuz / Dereli

Kuşlar toplantı yapıyor...Eylül/Giresun

GIDA

Ormandan taze mantarlar...Kasım/Dereli

Fasulye çeşitliliği...Eylül/Çamoluk

Karadenizden hediye... Aralık/Bulancak

DOĞA

Hepsi çok güzel...Temmuz / Çamoluk

Sarı Giresun...Ekim / Dereli

Kar denizden geldi denize gidiyor... Ocak / Giresun

推薦文

本書は何を語り、誰のために書かれたのか

放送大学教授　河合明宣

　普及員ひろしこと、里見洋司さんは、放送大学の産業と技術コース専攻において私が卒業研究を指導した学生であった。さらに、その後、放送大学大学院修士課程開設と同時に入学し、経営政策プログラム専攻にて修士論文作成をした際にも指導した。里見さんは、同期の卒業研究修了者4人を集めて農業関係の読書・勉強会をつくり、私もチューターとして参加した。この会が中心となって佐渡のトキ野生復帰を目指した生息地調査を数年続けた。会は今も継続している。

　里見さんは、埼玉県の専門技術職員である農業改良普及員として県内農家の要望に応え、時代に相応しい農業づくりに尽力した。JICAの青年海外協力隊員（協力隊員）としてタイにおける2年間のボランティア活動や埼玉県農業大学校での教員も経験した。タイから帰国して26年後、55歳の時に「国際協力10年計画」を決意した。その序盤に位置づけたトルコでのJICAシニア海外ボランティア(SV)体験から得た国際ボランティア活動の意義付けは興味深い。里見さんは、「地域住民の一員として出来ることから始める。という点は、SVも協力隊員もまったく同じであった。」と振り返る。違う点は、現場での課題を見つけ、その解決を探る上でSVは協力隊員とは、体力、若さや異文化に対する柔軟性を持ち、多くの時間を費やせる点で競えないことだと語る。

　それ故、本書の最後にトルコの経験を次回のボランティア活動では「当初から現地語の語学力を磨き、さらに積極的に現地のコミュニティに参加して、この壁を乗り越えたい。」と総括する。これがトルコでのSV体験に対する本人の総括とまとめとなっている。さて、このユニークな本は誰に向けて書かれたのか。

まず里見さんの計画遂行のための防備録として、自分のために書かれたものである。叙述は、日誌として時系列に進む。最初は、毎日の業務とトルコ社会に対する断片的な印象記録である。初めての国であり、新しいことばかりだ。2年間の自分の業務目的以外は手探り状態なので、家族、友人、そして SNS(フェイスブック) を通して新たに広がっていく仲間とのつながりの中から、本書のストーリーが展開していく。里見さんからの発信、それに対する応答記録が、本書の叙述の骨格を成している。

　里見さんが過ごした二つの場所から物語りが展開していく2章「トルコ赴任4ヶ月からジョージア旅行まで」以降では、ストーリーがはっきりし、格段に読みやすくなる。この2章末のまとめに本人が「様々な状況がみえてきた」と述べている通りだ（各章末の網掛けコラムは、その章の要約である。これを章の始めに読んでおくと読みやすい）。

　一つは、赴任地ギレスンの近所の人々との日常生活の中から様々な繋がりが生まれる。アパートの子供たちとの交流は微笑ましい。もう一つは仕事の現場であるチャモルックである。ビニールハウスでのイチゴ栽培とインゲン豆栽培普及を中心とする農業指導を中心にした物語である。イチゴ栽培を始めた4軒の農家、連携して活動に携わるカウンターパート（現地職員）、グループ派遣された3人の SV 仲間との活動に対する取り組みと相互信頼の形成を通じた展開が述べられていく。滞在日数が増えるにつれ、二つの場所で形成されていく物語を構成する登場人物がはっきりし、活動の進捗と課題が見えてくる。こうして、ひろし隊員がつくりあげる人間関係の中に読者も引きこまれる。休暇を利用しての国内とトルコ国外旅行、2年間で37回に及んだギレスンとチャモルックの四季にわたる往復移動を通して、トルコの地理的位置と世界史・文化におけるトルコの重要な役割にも、読者は自然に関心をもって読み進められるようになる。

　退職をし、家族を残し、多大のリスクを覚悟して臨んだ今回の挑

戦で里見さんは、何を求めて、何故トルコを選んだのかについて、読者の関心が高められていく。何故、トルコなのか。私の推測であるが、地中海農業が世界の農業の将来を考える上での重要性に気付き、関心を抱いたのではないか。文中でこう述べている。産出量世界第1位の農作物は、サクランボ、アンズ、ヘーゼルナッツ、インゲン豆。蜂蜜は2位である。アンタリアを中心とする地中海沿岸は、果樹、野菜のみならず、あらゆる園芸作物が栽培されている。平野を埋め尽くすハウス群は、世界規模の産地の活力に満ちている。しかし、一歩、山間地に入ると乾燥した国土が広がっている。乾燥地帯では用水を確保し病虫害を発生させずに果樹、野菜を栽培するという世界的にも効率的な園芸地が展開している。

　この地中海農業の記述をみて、中尾佐助著『栽培作物と農耕の起源』(岩波新書,1966年)で、地中海農耕文化基本複合(代表作物；オオムギ、コムギ、エンドウ、ビート)について読み直した。4つの基本複合の中で地中海農業は最後に説明されている意味が里見さんの記述には示唆されている。

　里見さんは、トルコの文化、歴史、風土にも強い関心を示している。この点については「国際協力10年計画」の達成を待ちたい。人間にとって農業は不可欠である。農業改良普及員の活動とJICAボランティアによる国際協力の重要性に関心のある方に、ぜひ読んでいただきたい。

はじめに

　ひろしは、間もなく56歳になる埼玉県庁の職員でした。大学を卒業してから今まで、新しい農業技術を地域に広げたり、新たに農業を始めようとする人達を育てたりしてきました。日本では主に公務員（都道府県の職員）やJA（農協）職員が行ってきた仕事です。この公務員を従来は、農業改良普及員（略して普及員）と呼んでいました。
※現在の制度とは若干異なりますが、巻末に普及員の活動を紹介する漫画を掲載しましたので、ぜひご覧下さい。

　その歴史は、とても古く、銀河鉄道の夜で有名な「宮沢賢治」も民間団体の普及員でした。賢治の時代には、まだ、公務員としての普及員の仕組みは整備されていませんでした。ひろしは、農家や農村の人達の力を引き出し、農村を発展させていく普及員の仕事が大好きです。そして、世界のどんな場所においても役立つ仕事だと信じていました。この素晴らしい仕事を多くの人達に知って欲しいと思っていました。

　ひろしには　もう一つの夢がありました。それは、世界の多くの国々へ行き、その土地の風土や文化を知ることです。せっかく、この世に生まれてきたのですから、一つでも多くの国を訪れ、生活したいと思っていました。そこで、2つの夢を叶えるために、普及員として海外において技術協力する道にチャレンジしました。

　とはいえ、ひろしには、妻と未だに短大生と高校生の子供がいました。現地手当が年間160万円程度、日本国内の手当が年間60万円のトルコへのシニア海外ボランティアー派遣は、経済的に非常に厳しいものでした。英語力も余り高くないため、現状のままでは、技術専門家としての道は拓けません。このように派遣中も帰国後も大きなリスクはあるが、何の保証も無い、常識的には無謀な挑戦で

した。

　それでも妻には、「帰国したら、今までよりもずっと高い収入が得られるようになる」と根拠の無いハッタリを言い、退職しての挑戦を認めさせました。

　もう、トルコで実績を上げるしか無い状況に追い込まれたひろし、果たしてどんな活動をトルコで展開していくのか、皆さんと一緒にページをめくり、辿っていきましょう。

推薦文 本書は何を語り、誰のために書かれたのか ········ 1

放送大学教授　河合明宣

はじめに　　　　　·· 5
なぜ、私はシニア海外ボランティアーに出願したのか … 12

1　赴任からアルトビン旅行まで ····················· 17
2015.3.23 ～ 2015.7.21

農家民泊 *29*
　　自宅　　ラマザン　　ゴミ拾い　　ドウット
アルトビン県旅行 *37*
　　ジョージア国境　　シャブシャット　　村の結婚式
コラム ギレスン食料農業畜産局チャモルック支所について　*24*
コラム 男子学生寮について　*25*
ノート ギレスンで暮らして２ヶ月が過ぎて　*40*
　　1　ギレスンの農業と派遣先　　2　トルコの第一印象

2　トルコ赴任４ヶ月からジョージア旅行まで ··········· 43
2015.7.26 ～ 2015.10.17

　　ガリップさん　　行政管理官（カイマカン）
　　夏期放牧のための村（オバス）　　ペイパザール
三男祐輔の死 *49*
　　トルコへ帰国　　フンドゥック　　インゲン豆の収穫期
　　朝食セット　　漁の解禁　　乾燥野菜
トルコ東北部　旅行 *60*
　　バイブルト　　アルダハム　　シャブシャットにて謝肉祭
　　再びチャモルックへ　　分解調査　　意見交換
アンカラで安全対策会議　その時にテロ発生 *66*
シバス　旅行 *67*
コラム 気象ミニ知識　*45*
コラム チャモルックでのハウスいちご栽培の経緯と現状　*63*
ノート 派遣後６ヶ月が過ぎて、様々な状況が見えてきた　*69*
　　1　活動状況　　2　職場の状況　　3　人々との交流

3　ジョージア旅行から一時帰国まで ……………………… 72
2015.10.20 〜 2016.2.27

ジョージア旅行　*72*
　　予約したホテルがない　　メスティアにて　　バトゥミにて

再び、活動再開　*80*
　　トカット県、農業展示会　　黒海地域機関の成果発表
　　秋の味覚　　ドルムシュの旅　　子供達がやってきた
　　遥のフェイスブックより　　ギレスンの大雪
　　隆行のフェイスブックより　　子供達が帰国
　　トルコ人の食事事情　　貯水タンク

アンカラ出張＝大雪物語　*98*
　　再び大雪　　トルコ語の学習　　ギレスンミューゼ
　　キーパースンと JICA ボランティアの仕組み
　　派遣前訓練から一年が過ぎて　　岩佐 SV がハウスの模型を作成！
　　フェイスブックにトルコ語も加えることにしました

健康診断一時帰国　*110*
　コラム　トルコの農産物流通について　*87*
　ノート　ギレスンに赴任して1年が過ぎて感じること。　*111*
　　1　活動内容について　　2　トルコにおける社会的格差
　　3　日本人（シニアボランティアー）の強みと

4　一時帰国からクーデター未遂事件 …………………… 114
2016.4.1 〜 2016.7.13

　　トルコの野菜、果樹栽培

リゼの茶業試験場を訪問　*120*
　　リゼの茶業試験場訪問　　新しいハウスのイチゴ栽培
　　ハウス施工のミスへの対応　　公園のゴミ拾い活動がメディアに載る
　　インゲン豆の栽培試験　　トルコ語と私　　マラソン大会、初優勝！
　　パソコン紛失　　二年目のいちご収穫状況　　2 年目のラマザン
　　再び新聞社のフェイスブックに掲載される　　子供達との遊び
　　小学校を訪問

エルズルム旅行　*139*
　　遮光ネットの設置　　インゲン有機栽培の真実
　コラム　世界一おいしいトルコのパン　*126*

5　クーデター未遂事件から最後の打ち合わせまで　……145
2016.7.15 ～ 2016.10.31

7月15日　クーデター未遂事件　145
子供達と日本の手遊び　　1ヶ月ぶりのチャモルック
立体栽培　　トルコの豆

日本への一時帰国　150
活動報告会　　チャモルック市長がが身柄を拘束される
いちご栽培パンフレット完成　　子供達とピクニック
タクシーで現地巡回　　謝肉祭　　エーリベル峠のロッジに宿泊
ドゥスンさんのハウスが修理される

水道管の破裂事件　161
トルコ人の力わざ　　虹

地中海沿岸旅行　165
アンタリア　　バナナの産地・メルスィン　　アダナはアジア的
幼稚園の400の瞳　　活動ビデオ撮影
アンカラからSV仲間がやってきた　　黒海の味・ハムシ

コラム チャモルックの農業灌水　164

ノート **最後の活動打合せ（残り5ヶ月）になり思うこと　171**
1　ボランティアー活動　　2　思わぬ話　　3　余暇時間の活動
4　私に対するトルコの人達の変化
5　戒厳令発令中の国に暮らして

6　最後の打ち合わせから帰国まで　………………………174
2016.11.12 ～ 2017.3.21

仕事はしつこく　　羊の渋滞　　煮干しづくり
熊本からのメッセージ　　チャモルックデー（インゲン豆の試験会）

トルコ西部　チャナッカレ、エデルネ旅行　177
ブルガリア国境　　ギリシャ国境　業績報告会
紙ヒコーキセット　　チャモルックデーの反響
第2回チャモルックデー　　トルコのふじリンゴ　　清掃活動への取材
国際ボランティアーフォーラム　　厳冬期のチャモルック
ノエルババ

カッパドキア、カマン、アンカラ旅行　185

気球からみたカッパドキア　　洞窟内の鳩の巣
新たな活動の芽生え　　新しいカイマカンとあいさつ
公園の清掃活動が新聞に掲載　　ひと足早い送別会　　年越しケーキ
最後のカレー　　異常寒波　　最終報告会の準備
ギレスンのおじさん達　　58回目の誕生日
グゼル　チャモルックの完成　　アンネとテイゼ
雪に閉ざされたチャモルック　　雪崩　　今年も大雪
トルコで豆まき　　シャブシャットにて講演

イズミール、パムッカレ旅行　200

トルコ国鉄でテニズリへ　　バムッカレ
トルコ人の土壇場力に感謝　　農業委員会が動き出す
カイマカンがいちごハウスを視察　　JICAへの最終報告
最後の出張　　最後の農家巡回
チャモルックで最終報告　　リサイクル市の開催　　農業写真展
職員への感謝を込めて（最終試食会）　　最後の旅もシャブシャット
活動最終日を迎えて　　最後のゴミ拾い、そして別れ

コラム　続　煮干し作り　176
ノート　トルコを去る前に　211
　　1　活動結果　　2　JICAボランティアーについて

あとがき　……………………………………………215

巻末資料　228

パンフ　ハウスいちごの栽培方法　219
パンフ　地理的認証制度を知っていますか　221
漫　画　普及の本領　223

なぜ、私は
シニア海外ボランティアーに
出願したのか

　昭和63年4月8日朝、私はタイ王国バンコク　ドンムアン国際空港にいた。2年間の青年海外協力隊の活動を終えて、日本への帰国のフライト待ちをしていた。家族を日本に残し、タイ東北部（イサーン）の最果ての地、ノンカイでの2年間は、新たな経験や出会いの連続であり、その後の人生に大きな影響を与えた。確かに、身ぐるみ剥がされるような盗難や同居人に自転車を質入れされるなど、とんでも無い目にも遭った。それでも、私は2年間、共に過ごしてきたノンカイの農家やタイ人の同僚への感謝の気持ちで一杯だった。しかし、満足感は無かった。いつか必ず、もっと現地に根づく活動をしたい。そのために日本でキャリアを積んでいきたい。そう心に誓った。

　それから11年が経ち、40歳になった。この頃から再び、JICAボランティアとして海外にて技術協力をしたいと思うようになった。そのきっかけとなったのは、38歳の時にJICAの短期専門家として派遣された、インドネシア共和国にて行われた第三国研修だった。この研修は、JICAの資金協力により設置した開発途上国の施設を活用し、日本での研修により技術を習得した実施国の職員が講師となり、周辺国から研修員を招聘して実施するものである。風土や文化が類似した地域の中核となる国において実施するため、すぐに役立つ技術や仕組みや取り入れられる。また、実施するコストも安いため、効果的な研修方法といわれている。私は、普及活動手法に関する研修コースに派遣され、ホスト国インドネシアを含む12ヶ国18名の研修員と寝食を共にして、英語を共通語として過ごした。この経験により、アジア、大洋州の多彩な習慣、考え方を受け入れることや限られた語学力を最大限に発揮して、コミュニケ

ーションするコツを共同生活により習得した。

　その後は、毎年、海外から来日する農業研修員に講義をする機会を得るようになった。埼玉県農業大学校の勤務時には、5ヶ国から来日した農業研修員の研修コーディネータを6ヶ月間担当した。半ば生活を共に送る経験を通じて、人種や宗教や言語が異なっても、家族、友人や母国の風土を愛する気持ちは同じであること、個々の性格や好みは日本人と同様に多様であることを理解した。

　それから真剣に参加を考えるようになり、募集資料を繰り返し調べた。そこには、シニア海外ボランティアーに要請される技術や経験のレベルはかなり高く、派遣される人達は、教育や学術についての経験や海外における職務経験のある人が多いことなどが記載されていた。そこで、通信制の放送大学大学院に入学し、2年半かけて農業普及についての歴史的な変遷と現在の役割について論文にまとめ、教養修士を取得した。農業教育や農業普及に関する国際学会にも3回参加し、英語にて研究成果の発表や意見交換をする経験も積んだ。こうして、53歳を迎えた頃には、自分自身の準備は整ってきた。家族にも「定年退職まで公務員をするつもりは無い」と話すようになったが、具体的な時期や内容は全く説明しなかった。

　平成25年（2013）春、私は、5年間勤務してきた埼玉県農業大学校から本庄農林振興センターへ転勤した。しかし、わずか1年間で県庁農業支援課の農業革新支援担当に再び転勤し、熊谷の農林総合研究センターの駐在勤務となった。そして、ここでの職務分担が私をシニア海外ボランティアーへの出願を決意させることとなった。実は、農業大学校から転勤する時に数年以内に県職員を辞めるつもりでいた。5年ぶりに戻って来た農家指導（農業普及活動）の現場は大きく変化していた。職員数が激減し、私が農業普及員の基本的な姿勢と考えていた、農家や生産組合をこまめに回り、現状を継続して確認してから農家の相談に応えるという仕事をきちんと行うことは、困難になっていた。栽培講習会、出荷目揃い会（農産物の出荷のための品質チェックの講習会）、採種ほ場の審査や鳥獣被害

防止対策のための講習会など、様々な集まりや会議に対応するのが精一杯だった。「こんな活動をするために現場に戻ったのでは無い」という気持ちを抱えたまま、1年間働いていた。そして、さらに現場が遠い部署に転勤した。新たな職場での私の担当業務は、限られたものしか無かった。名目上、担当チームをまとめる役割が課された。実際に、チームの職員は多くの分担を抱え、多忙に過ごしている。フリーな立場のまとめ役が必要なのかも知れない。しかし、私の前任者は退職したため、引き継ぎは無く、今までどのように行ってきたのか分からない。しかも前任者が主体となり行っていた仕事は、前年度で終了していた。その他の業務の多くは、他の職員の分担に変わっていた。「全ての業務を掌握できるだろうから、とりまとめに専念してくれ」ということなのだろうが、私の上司の管理職はちゃんといる。客観的に見れば、「干された状況」であった。

　「34年間の仕事の結果がこの状況か」と当初はショックを感じた。しかし、これがいわゆる「天のお告げなのかも知れない」と思い直し、シニアボランティアーへのチャレンジを決意した。5月に応募書類を送り、6月に書類審査合格の通知が届いた。この時点で妻には受験したことと、もしも二次試験に合格したならば、退職して参加するつもりであることを話した。「簡単に合格するわけが無い」という私の言葉を聞きながらも妻は不安を隠せないでいた。

　その後、職場における私の状況は悪化の一途を辿った。実質的な職務分担がほとんど無い状態で、活動計画以外には情報が無く、現場を継続してみていないので、他の職員から報告を受けてもまともに頭に残らない。実際、何をすれば良いのかわからずに過ごしていた。到底、チームのまとめ役としては機能しなかった。となると、職員から批判が出てくるのは、時間の問題だった。次第に部下から繰り返し、激しく非難されるようになり、胃が痛むようになり、体調も悪化していった。「もし、二次試験に合格せず、来年もこの職場にいたら、体に異変が起きて、二度とシニアボランティアーには挑戦出来なくなるだろう」と思うようになっていた。

そして、運命の８月６日、無事に２次試験に合格。私のシニア海外ボランティアーへの道が拓けた。妻は、今後の生活の不安を強く訴えたが、「参加することで、将来、国際協力の専門家として、より豊かな人生が拓ける」という言葉で説き伏せた。

私は、平成26年12月26日、埼玉県職員を退職した。特別な送別会も無かったが、寂しさは感じなかった。重大な体の変調が起こらなくて本当に良かった、と心から感じていた。職場の仲間から最後に送られた花束が嬉しかった。そして、それを帰宅して家族に渡した。家族全員からねぎらいの言葉をもらった時に初めて、気持ちが高ぶった。

年が明けた後の１月６日、福島県二本松市にある研修所に入所し、36日間の合宿訓練が始まった。２回目となるＪＩＣＡボランティアーの訓練は、素晴らしい仲間とともにあっという間に過ぎていった。

訓練最終日の２月10日に行われた修了式では、シニア海外ボランティアー隊員代表としてあいさつをした。29年前に駒ヶ根訓練所の修了式にて行って以来、２度目の経験であった。以下がその内容です。

１月６日、小雪の降る二本松訓練所に私達は、入所しました。そして、朝６時過ぎから、夜11時まで続く訓練に日々励んできました。時に体力と気力の限界を感じつつも初心を思い出して乗り越え、今、36日間の訓練を終えようとしています。

私達は、今、この場において３つの方々へ感謝の言葉を伝えます。

一番目は、リスクを共に背負い、送り出してくれた家族です。家族の理解と協力によって、私達はここに来ることが出来ました。

二番目は、訓練所のスタッフ、そして語学講師の方々です。訓練環境を整えて指導して下さった、北野所長をはじめとするスタッフの皆様、そして、日々心を込めて熱く、指導してくださっ

た語学講師の皆様、私達は先生方を通じて、任国の言葉と文化を知ることが出来ました。本当にありがとうございました。

そして三番目は、協力隊員の皆さんです。仲間として、共に生活し、支え合った皆さん、本当にありがとう。私達が去った後も訓練を精一杯に行い、語学を手段とするコミュニケーション能力を高め、任国での活動のための糧として下さい。

そして、これから二年間、世界で共に頑張りましょう。

今、世界は日々激しく変化しており、任国においても予想外の事態に接するかも知れません。私達は、安全が確保されている限り、今までの人生で培ってきた技術と経験、そして、ひとりひとりが持つ個性を活かし、それらを乗り越えていくつもりです。

おわりに訓練期間中、施設の管理とおいしくバランスのとれた食事を作って下さった商船三井興産の職員の皆さんに心から感謝を申し上げ、私のあいさつと致します。

そして、私は3月23日、同期のシニアボランティアーの岩佐さん、短期派遣ボランティアーの川奈部さんと共に成田空港からトルコへ飛び立った。12時間のフライトの末、現地時間の夕刻にイスタンブールのアタトゥルク国際空港に到着。聞き慣れない言葉が飛び交う喧噪と入国審査の長蛇の列が待っていた。私のトルコでの活動が始まった。

1　赴任からアルトビン旅行まで
2015.3.23 〜 2015.7.21

　トルコに入国して、JICA のアンカラ事務所や日本大使館へのあいさつを済ませた後は、5月8日までアンカラの中心地であるクズライ地区にある語学学校にて、トルコ語の学習を行った。
　日曜日を除き1日4時間から6時間のトルコ語学習は、記憶力が低下している私には、非常にきついものであった。しかし、滞在していた GOP 地区のホテルから学校までの通学や休日には様々な体験をして楽しんだ。

4.5

　アンカラの名物の SIMIT（右上の皿のゴマがいっぱい付いたパン）です。ドーナツ状のパンですがとてもおいしく、しかも3つで2リラ（約100円）とお手頃です。今日の昼食は、ファーストフード店でチーズを挟んだ SIMIT、チーズトーストとサラダおよびチャイ（トルコ風の紅茶）にしました。合わせて11リラ（約550円）です。

　ところで、日本では有名なトルコ珈琲ですが、未だに一度も飲んでいません。こちらでは、チャイが圧倒的な地位を占めており、レストランでは、パンとチャイは無料で出てきます。SIMIT は、おじさんの売り子によって頭の上に載せて、

移動しながら売られています。毎朝、おじさんは声を響かせ、おじさん同士が交差点で会うと言葉を交わしてから別れます。このため、このおじさん達は、実は警察官を兼ねているのでは無いかという噂があります。

　「今日は授業が休みだったので、アンカラから 150 ㎞ほど離れた kuscenneti 自然公園に行ってきました。3 色模様の山の景色と湖にいる野鳥がここの売りです。予想外に閑散としたところでしたが、管理人の職員に方にチャイをごちそうになりました。Nallihan kuscenneti というフェイスブックで一年中ここの景観を公開しているそうです。帰路、ベイパザールを訪れました。この町は、古い町並みを活かし、観光向けの店を整備し、記念館や博物館を設置したため、アンカラから多くの観光客が訪れています。長野県の小布施のような感じです。トルコの街は、屋根の色が統一されているため、高いところから見るととてもきれいです。子供達の様子は、どこの国でも変わりません。

4.19

　トルコの高速鉄道（YHT = Yuksek Hisıl Tren）です。アンカラとイスタンブールなどを結んでします。時速 200 ㎞でイスタンブールまで 3 時間半で行きます。駅にて乗降客の様子を見ましたが、飛行機に比べてやや高級な感じがしました。トルコでの遠距離交通の主役は高速バス、そして飛行機です。

　トルコの引っ越し風景です。トルコは、単身で生活する人は少なく、しかも家族の人数も多いのが一般的です。このため、アパートの規模も大きく、家財道具も大きいため、どうやって引っ越しする

のか気になっていました。

そして、今日ついに現場に遭遇しました。写真のように大がかりなリフトを道路から部屋のバルコニーに直結して、小さな物から冷蔵庫のような大きな物まで次々と移動していました。やはり大陸の国はスケールが違うと感心することしきりです。

5.1

5月1日はメーデーです。トルコでは祝日です。アンカラのウルスの広場には、各職場から多くの人が集まり、歌ったり声を掛け合ったりしていました。私も日本でたびたび、参加しましたので、とても懐かしくなりました。

5.6

「中央にいるのは、1ヶ月以上にわたり、トルコ語を教えていただいたヘディエ先生です。最後は、様々な店で価格交渉をする野外現地授業でした。できの悪い生徒であった私を時に厳しく、時に優しく励ましてくれました。辛いときもありましたが今は感謝です。

いよいよギレスンに赴任。そして活動の地となるチャモルックへの滞在も始まった。

5.8

ギレスンに赴任しました。急峻な山が黒海に迫ったところにある坂だらけの町です。北面は黒海が果てしなく広がり、南面は緑の山々がそそり立っています。まもなく、バスで30分程度の所に新空港が開港する予定のため、しゃれたレストランやカフェなどがいくつも開店しています。県庁のすぐそばのアパートの5階に住むことになりました。近所の人達は、とても人なつっこく、もっとトルコ語を上手くなり、意思疎通をしたいと切実に思います。

トルコは実力のある農業国です。ただし、農業の中心は、地中海沿岸地方でそこからEU諸国に輸出しています。私が赴任した地域は、ヘーゼルナッツの世界的な生産地域ですが、その他の農産物の生産基盤は非常に弱く、若者は都市部へ移動し、農村の高齢化や過疎化が進んでします。こうした地域の活性化の経験が豊富な日本人

に村おこしの支援して欲しいというのが今回の要請です。トルコは、農業輸出国ですので、食糧は豊富で技術もあります。当然、プライドは相当高いです

5.10

　12才のアブドゥラ君です。スーパーのカルフールの中を車いすで猛スピードで移動しているときに声をかけて仲良くなりました。下半身に障害があり、車いす生活ですが、上半身の筋力は半端ではありません。私と腕相撲をとり、結構良い勝負をしました。もちろん、私が勝ちました。容赦はしません。一緒にいた母親は、学校の同級生とならば誰にも負けないと言っていました。将来は、スポーツマンになりたいと言っていましたが、不可能な夢では無いと思います。頑張って欲しい。黒海の夕日を添えます。
（口絵写真「5.着任して間もなく知り合ったアブドゥラ君」）

5.14

　ギレスンの養護学校（知的障害者）の作品展示即売会に出かけました。職場の上司のハイダル部長の奥さんがこの学校の先生をしており、誘われました。絵画やテーブルクロス、手工芸品など多くの作品が展示されていました。生徒の年齢は7才から20才くらいまでいるとのこと、能力の高い人は就職できるが、全体的には難しいと話していました。私は、生徒が作った石版絵を買いました。自宅の机に飾ってあります。

5.15

　ギレスンの繁華街では毎週月曜日と金曜日にパザール（市）が開かれます。農家、農家から直接仕入れた業者、市場から仕入れ業者

など様々な人達が販売しています。野菜やチーズなど総じて、スーパーよりも品質が良く、しかも安いです。客層の年齢が高く、年配者の楽しむ場所になっているのが、ちょっともったいない気がします。商品の表示方法や店舗の配列、休憩場所の確保など、一工夫すれば若い子連れ客を増やせる気がします。

5.19

　昨日（18日）から1週間にわたり、ギレスン国際フェスティバルが開催されています。今日は、夕方に開催された民族パレードを見に行きました。トルコは、もちろん、近隣諸国から民族衣装を着て参加する人達もいて、想像以上に盛り上がっていました。一緒に写真を撮ったのは、ギレスンチームの人達。近くに住んでいる中学生？高校生？　の子も混じっていて、驚きました。
（口絵写真「4. ギレスン国際フェスティバルにて」）

5.20

　ギレスンから80kmほど内陸に入った標高1000m以上の高地にあるキュンベットに観光農業の調査に行きました。本格的な来客のシーズンは、来月からですが、すでに多くの店が開いていました。町の中心から5kmほど奥には、広大な牧草地に包まれたリゾートホテルがありました。ホテルもコテージも、ログハウスに統一されており、サウナ、トルコ風共同浴場、プールも完備されています。牧場を走り回るバギーも無料で楽しめます。

5.22

　ギレスンから190km内陸に入ったチャモルックに初めて行きました。

現地までは、途中、標高2200mの峠を含めて4回の大きなアップダウンを繰り返し、3時間半かかりました。この町にて昨年からイチゴのハウス栽培を3軒の農家にて行っています。当面の活動拠点は、ここになるので、6月以降、現地に宿泊場所を確保して、活動を始める予定です。同じギレスン県内とはいえ、高低差のある放牧地と乾いた土地が広がり、耕作地や森林は余りありません。黒海沿岸のギレスンとは、風土が全く違うため、今日の短時間の滞在だけでは、現地の実際の農業経営の様子は、良くわかりませんでした。それでも現地を見て、これからの活動を具体的に考えることが出来たのは、大きな前進です。

（口絵写真「6. チャモルックのウスジャ村の景色」）

5.29

　ギレスン市内から40kmから50kmほど離れた所にある高原の村、KULAKKAYA（クラッカヤ）とBEKTAS（ベクタス）に観光農業の調査で訪問しました。いずれも夏期放牧の村（YAYLA）に観光客を呼び込み、豊かにすることを目指してきた場所です。クラッカヤには、環境にマッチしたとても素敵なリゾートホテルがあり、国内だけで無く、夏には、アラブ諸国からの観光客が訪れるそうです。また、冬にはスキーを楽しむことも出来るとか。ホテルから集落までは近く、何でも売っている雑貨店や羊の肉を運ぶおじさんなど、トルコの農村の日常を体験できます。

6.4

　今日から1週間、チャモルックにて過ごします。チャモルックには、食料農業畜産局の支所があり、エルカン支所長以下3人の職員がいます。エルカン支所長は30才、コルジャンさんは27才、メホメットさんは26才と若く、しかもいずれも、かっこ良く、明るい

人達です。

　ここでの滞在中は、学生寮に宿泊し、日中は地域のいちご農家を訪問します。学生寮の施設はとても立派ですが、食事はやや質素です。おかずが少ないので、パンで量を確保しないと、次の食事まで、おなかが持ちません。

　毎食、1人で大きなパン1個を平らげてしまうトルコ人に驚いていた私ですが、今日の夕食は、知らぬ間にその仲間になっていました。

　ここで、活動現場となったチャモルックの事務所と滞在時に宿泊した男子学生寮について、説明します。チャモルックには、一般の宿泊施設は無く、出張でやって来る職員用の宿舎も無いため、学生寮の一室を借りて過ごすこととなりました。この寮はコーラン（イスラム教の教え）を学ぶための施設であり、小学校から高校生までの子供達が寮内で共同生活をしてコーランを学びながら、学校に通っている。

ギレスン食料農業畜産局チャモルック支所について

　チャモルック市街地のはずれに県庁の支所と同じ建物の中に設置されている。

　職員はエルカン支所長、コルジャン農業技師、メホメット獣医の3名。エルカン支所長が30才、コルジャン技師が27才、メホメット獣医が26才と職員は非常に若い。エルカン支所長は、チャモルックにて5年目。コルジャン技師は1年目であり、以前はエスキシェヒールにて農業公社のコンサルタントをしていたとのこと。その後、国の農業技師の採用試験に合格して現職に就いた。2年間の実務研修期間（実務経験）を経て試験に合格すると上級農業技師の資格を取得し、支所長以上（管理職）になる道が開ける。コルジャン技師も目指しているとのこと。

今は、作物の栽培期間のため、農家がしばしば事務所に訪れる。地域の総人口は約3000人といわれているが、冬になると地域を離れる者が多く、推定で500人程度に減少する。地域の農家数は、畜産農家が約300戸、年間を通じて野菜を栽培している農家が約200戸（多くは畜産農家と重複）。しかし、職員が3人のみなので、とても忙しくなる時がある。

◎男子学生寮について

チャモルックに滞在中、宿泊し、朝食と夕食、休日については3食をとる予定。事務所から約500mほど離れた街のはずれにある。5階建ての立派な建物で6人収容の宿泊室が9部屋、各階に学習室、トイレがある。地下に食堂と学生用のシャワールーム、1階に管理室、応接室など、2階に礼拝堂がある。職員用のシャワールームと洗濯機は、5階に設置されている。今回はこれを使用することとなった。5人の職員が勤務している。私の世話は、30才の職員のウマールさんが見てくれた。

トルコの学制は、小学校4年間、中等学校4年間、高校（リセ）4年間である。リセを卒業後に大学に進学できる。チャモルック郡は、子供の数が減少したため、小学校、中学校、リセをいずれも1校に統合した。小学生は、近くの生徒を除き、全てスクールバスで通学しているが、遠方から中等学校やリセへ通う生徒については、寮に宿泊出来るとのこと。現在、男子寮を利用しているのは、15人。以前に比べて減少したそうだ。今週は学校が休みに入っており、生徒は2人しか滞在していない。

ラマザン（断食月）期間中もこの寮を利用することはできる。ただし、食事は早朝と夜間になる。少し離れたところに、ほぼ同じ構造の女子寮がある。

6.5

　食料農業畜産局チャモルック支所のエルカン支所長、コルジャン技師と一緒にグジェル村のユクセルさんのお宅に伺い、ハウスいちごの状況を確認しました。

　約40坪のハウスにて、アメリカで育成された4品種を栽培しています。いずれも花芽分化にあまり低温を要しない夏期栽培用の品種です。

　チャモルックは標高が1000mあり、6月でも朝晩は気温が10度前後に下がります。一方、内陸で乾燥しているため、天気が良い日には30度近くまで上がります。このため、ハウスの温度管理には、注意が必要です。

　今日も午前10時の段階で、ハウス内はいちごの株の位置（地面）で34℃、ハウスの上部で43℃になっていたため、サイドを全開にして2時間後にはそれぞれ4℃低下させることが出来ました。

　ユクセルさんは、既にいちご栽培の経験が4年あり、ハウス栽培に対しても自分なりの考え方をしっかり持っています。

　それが、次年度の苗をきちんと育てていくという良い面と、面積当たりの栽培本数を多くしすぎて、徒長させてしまうという悪い面の双方に出てしまうので、これから継続して訪問する中で改善方法を理解してもらいたいと思います。

　今日は、インゲン豆の畑も巡回しました。インゲン豆はこの地域の最も主要な農産物であり、現在、地理的認証制度取得のための手続きを進めています。この認証がとれると国内だけで無く、EUへの輸出の際にも差別化がされ、有利になります。

　栽培状況は、資材の投入を極力抑え、省力的に行うものでした。しかし、ばらまき栽培した畑の除草は全て手作業で行っており、非常に重労働になっています。多くは女性の仕事です。用水は整備されており、1枚1haほどの畑に10mおきに溝を作り、1週間に2

回程度、それぞれ1時間ほど灌水しているそうです。肥料は元肥に尿素を少量施用するだけとのこと。

　実質的な現地活動は、今日から始まったと思っています。来週の月、火にそれぞれ別のいちごハウスを設置している農家を巡回し、あわせて、地域の特産の一つであるさくらんぼの栽培状況も見る予定です。

6.7

　チャモルックは、本当に小さな街です。高台から見下ろすと毎週、月曜日にパザール（市）を開く広場やモスクを中心にまとまっていることが良くわかります。

　日中、急激に気温が上がるため、毎日、積乱雲が発生します。今日は、こちらには雨は降りませんでした。

　トラクターは、農家だけでなく、土木関係、建設関係など、あらゆる仕事に活躍しています。悪路でも運搬できるし、とにかく丈夫なのが人気の理由だと思っています。布製のエンジンカバーをするのが特徴です。模様も様々で楽しいです。

　週末は宿舎の食事が無いので街で食べました。そのおかげで多くのおじさんと仲良くなれました。

　今日7日は、トルコの総選挙でした。選挙前日の夕方に各政党の旗が撤去され、町並みはガラリと変わりました。

　当日は、家族揃って投票所へ行く姿が多く見られました。小中学生も同行しており、選挙の重要さを自然に教えているように感じました。初めての街で過ごす週末は、いつも新鮮で楽しいものです。

6.8

　チャモルックの街から1kmほどの所でハウスいちごを栽培しているバイランさんを訪問しました。ハウスのサイド片面がほとんど閉

まっており、内部がかなり高温になっていました。

　巻き上げ装置のパッカーが半分以上無くなっており、ビニールが絡まなくなり、巻き上げが出来ない状態になっていました。緊急的に巻き上げた後、エルカン支所長を通じて、息子のイブラヒムさんに、至急修理してサイドの開け閉めを徹底することと、多数の株が混在してしまったいちごを株分けしてもらうことを指示しました。2週間後に再び訪れ、確認するつもりです。

　午前中は、毎週月曜日に開かれるパザール（市）を見に行きました。ギレスンのパザールに比べて、様々な野菜苗や農業資材が売られていました。牧羊犬が付ける周囲に刃物がぎっしり着いた首輪など生まれて初めて見る物もありました。

　残念ながら地元産の農産物は、蜂蜜やチーズ、バターなどに限られ、野菜・果樹は、全国的な産地の物ばかりでした。6月下旬になると地元産のサクランボが販売されるそうです。

6.9

　今回のチャモルックでの活動は、今日でひとまず終わりです。

　午前中、標高 1500m の高原にあるプナルル村を訪ね、ガリップさんのイチゴハウスの状況を確認しました。今年の4月に植えたばかりの苗なので、花と実を摘み、株を大きくするように、前回の訪問時に伝えたのですが、現実は、そのままで　実は大きくなり、花もさらに沢山付いていました。トルコ語を記載した摘果、摘花のイラスト資料を渡しました。実際に 20 本ほど、摘果してみせて、2週間後に訪問するときには、必ず無くすことを約束してもらいました。

　午後は、先週金曜日伺ったユクセルさんのハウスを再度訪ね、ハウス内の温度や生育状況を確認しました。ユクセルさんのいちごについては、町中でもたびたび話題になるので、ことあるごとに見ておきたいと思います。

今日は、ちょうど奥様たちが1ヶ月分のパンを焼いており、できたての最高に美味しいパンをごちそうになりました。（口絵参照）
　牧草地の確認業務にも同行しました。豆科の牧草を1ha以上栽培（更新）すると、国が10a当たり、15TLを3年間継続して補助する仕組みがあり、その申請者のほ場を確認しました。初夏の高原の牧草地は、お花畑のように美しいです。

農家民泊
6.12 〜 13

　ギレスン隣町のブランジャックから8kmほど内陸のイネジェ村に行ってきました。村内の農家民宿に泊まり、地域特産物のヘーゼルナッツを中心に野菜栽培、家畜（乳牛、山羊、鶏）飼育に取り組む農家の生活に触れてきました。

　経営主のムスタファさんは、とても73才とは思えない元気いっぱいの素敵な方でした。諸外国での仕事の経験が豊富な方で、言葉が不自由な私に対して簡単な言葉で話しかけたり、演奏したり、歌や踊りを一緒にしたりと楽しませるための様々な工夫をしてくれました。
　一方で翌朝、雇用しているジョージア人労働者の人達に一日の作業を指示している様子には、別人の厳しさがありました。ヘーゼルナッツの栽培は、こうした労働者に支えられている部分が多いことを知らされました。
　イネジェ村には、様々な農業に取り組む人達がおり、ヘーゼルナッツの樹園を利用した自然卵養鶏の見学もしました。

6.14

　自宅より裏山をひたすら登り、約40分。標高500mほどのところにあるバヤズ村にぶらりと行ってみました。

　汗をたっぷりかいて歩いていると「ヤバンジ＝外国人だ」という声に続いて、「ゲル！ゲル！＝おいでよ！おいでよ！」という声がかかったので声の主であるアリシャンさんのお宅にお邪魔しました。

　チャイ、果物、野菜やパンまでごちそうになり、このままでは風邪を引くからと着替えまで用意してくれました。遥か眼下に自宅の隣のギレスン県庁が見えました。1haほどのヘーデルナッツ園と10aほどの野菜畑があり、天上の楽園という環境です。

　アリシャンさんは、私とおなじ56才。一番下の子供（お嬢さん）も私の一番下の子と同年齢であり、とても打ち解けることが出来ました。近いうちに貸してくれた服をお返しにまた、伺うつもりです。本当に素敵な家族とその友達でした。

　村の入り口では、ヘーデルナッツ園にて牛の林間放牧を行っていました。

6.15　自宅

　今日は、ギレスンの自宅について話します。県庁のとなりのアパートの5階に住んでいます。街の中心まで1㎞くらい、職場まで1.5㎞位と非常に便利な立地です。応接間からは、毎日、黒海に沈む夕日が見られます。今日はちょうど午後8時に沈みました。サマータイムのため、日の出は、日本より遅く5時半頃ですが、夕方は8時半までは明るさが残ります。プロパンガスボンベは、ガスレンジの真下に設置されています。応接間は15畳くらいあり、かなり広いです。日常、最も多くの時間を過ごしているのは、6畳ほどの子供

部屋です。8畳くらいのベッドルームもあるのですが、子供部屋に小さなベッドがあるので、ほとんど使っていません。

17日の夜から、イスラム教信者にとって最も重要なラマザン（断食月）が始まります。この期間中は、日の出から日没するまで、食べ物や水を一切、取ることが出来ません。ラマザンカレンダーが様々な所で配布されており、人々はそこに記入されている早朝と夜間の時間を確認して、毎日暮らすそうです。

時刻は毎日変化していきますが、概ね朝3時から夜20時まで17時間の断食が続きます。29日間の断食月が終わる7月16日の夜からは3日間は、日本の正月のような雰囲気になるそうです。

6.20　ラマザン

イスラムの重要な儀式（ラマザン＝断食月）が、6月18日から始まりました。

今年は、一年の中で最も昼間が長いこの期間にラマザンが行われているため、非常に過酷です。毎日、概ね17時間の断食が続きます。

私は、この期間中、昼食を抜こうと決めて実施中です。それでも結構きついです。ラマザンを支えているのが、ゴマがついた大きなパンと水分をたっぷり含んだスイカです。朝食と夕食にしっかりパンを食べ、身体が水分不足になっている夕方には、まずスイカをしっかり食べるとボーとしていた頭が正常に戻ります。

ほとんどの店は日中は閉店です。その代わり、夜には遅くまで開いています。

断食中は、水を飲めませんが、うがいや歯磨きはOKです。小さな子供や病人は断食を行いません。健康な人でもやらない人が若干います。こうした方は、何となく小さくなってお茶を飲んだり、お菓子を食べたりしています。昼間、開いている飲食店も少しはあるので、完全に自由参加です。でもギレスンでは行っている人が8割

以上です。ラマザンは、ただ、断食するだけで無く、お金が無い人に対する寄付を募り、援助するなどの慈善事業も行われます。国民総参加のお清めという感じです。

　昨夜は、同じアパートに住む子供達（男の子）が自分で作った太鼓を叩きながら、各部屋に寄付を募りにやってきました。コインを出したら札じゃなくちゃだめ、と言われたので5リラを渡しました。

6.21

　いつも、何かとお世話になっているケマルさん（家を貸していだだいている不動産屋さん）に誘われ、ケマルさんの実家に遊びに行きました。ギレスンの隣町の高台のとても可愛らしい家でした。

　キョフテ（トルコ風ハンバーグ）やサラダでもてなしてくれたのですが、ケマルさんも私もラマザン実施中、結局、同行した丹羽さんが一人で食べることになりました。

　庭の果樹や野菜を見て、一緒に食事を作り、片付けをして、とてもリラックスして、楽しいひとときを過ごしました。ケマルさんは、子供の頃から日本人に接してきたせいか、日本人に対するもてなしのコツを知っています。本当に親切で素敵な方です。

　残った食事を沢山いただき、私の夕食は、豪華な晩餐になりました。2食分は食べた気がします。ラマザンで太るというのは、本当だと感じます。

6.22

　今日から26日まで再び、チャモルックに滞在して、現地活動を行っています。今回は24日までは、丹羽SVも滞在します。

　グジェル村のジャラル村長に誘われたので、職場の人達と一緒にラマザンの時期に毎日、モスクで行っている共同夕食（イフタール）に参加しました。そこでは男女別に全村民が食事をしており、どち

らの場所にも若い人が多くいました。

　これから活動を新たな展開に進めていくためには、有力者だけで
なく、こうした農村にいる若い人達の行動を知り、意見を聞きに行
くことが大切と感じました。

6.23

　現場で活動をしていると様々な方に出会います。昨日は、インゲ
ン豆の栽培状況の確認を行いながら、今後の生産振興や販売方法に
ついて、農業委員会の代表や農家の方々と話をしました。

　ウスジャ村では若手農家のドゥスンさんの農場を見ました。イン
ゲン豆の脱穀作業に機械を使ったことがあるが、裂皮のロスが多す
ぎるので、手作業で行わざるを得ない。農地は一杯余っているが、
耕耘作業以外は手作業のため、農家が減り続ける現状では、生産
拡大は難しい。など担い手の生の声を聞くことが出来ました。栽培
方法は、同じ村の中にも、ばらまきで粗放なものがある一方、支柱
を立てて筋状に栽培している集約的なものもあることがわかりまし
た。

　老人ばかりと嘆く人が多いのですが、実際は夏の間は、若い人も
村の中に多数いることも判りました。

　現実をしっかり自分の目で見てから、これからの活動を考えるこ
とが非常に大切だと思います。

6.25

　チャモルックの標高 1500m を超える村々で昔から栽培をしてい
る「白いいちご」に出会いました。生産性が高く保存性の良いアメ
リカの品種をハウスには、導入しているのですが、周囲の農家の評
価は、「自分が食べるのならば、今までの品種が良い。」という方が
多いようです。私も初めて食べてみましたが、白い未熟の状態でも

十分な甘みがあり、しかも他のいちごには無い豊かな香りがあります。赤く熟した後は香りは薄れるため、農家の人は白いうちに食べるようです。皮が薄いので扱いは難しいですが、家庭内や地域内で利用するのならば、非常に優れた品種だと思います。

　今日は、このいちごの調査にて、2人の若い農業者に出会いました。共にぜひ、ハウスいちご栽培に取り組みたいと話しており、今後もお付き合いが続きそうです。

6.27

　チャモルックの滞在時は、中等学校の学生寮に宿泊しています。トルコの学校制度は、小学校4年間、中等学校4年間、リセ（高校）4年間、大学4年間です。

　このため、中等学校と行っても日本で言うと小学校5年から中学2年生が学んでいるので、まだまだ可愛らしい子ばかりです。今は夏休み中なのですが、ラマザン（断食月）期間は、コーランの学習が行われており、8人の子供が4週間の宿泊研修を行っています。

　職員は5人いますが一番若手のバイランさんと料理などを担当するサミさんとは、ずいぶん仲良くなりました。

　ラマザン期間中は寮内でも食事は、夜の8時過ぎだけになります。その代わり内容は、とても豪華です。

6.29

　昨日は、午後から激しい雷雨。今日は一日中、曇っていたのですが、夕方、黒海側の天気が回復、見事な日没を見ることができました。

　夏至を過ぎた今、毎日、日没時間は早まっており、太陽は写真左の半島側に移動しています。

　自宅から黒海に沈む夕日を楽しめるのもあと数日間だけです。
（口絵写真「3.黒海に沈む夕日」）

7.1

　このフェイスブックは、多くの農業関係の方々が見ていますので、チャモルックで見かけた農業施設や機械を紹介します。まず標高の高い村に設置されている灌漑用の貯水槽。沢水を常時取り込み、ここから近くの畑にチューブや水路で灌水しています。農家単位で設置するFRP製の1トン〜5トンのタンクもかなり普及しています。トラクターはMF、Fordが主力です。刈り取り機も普及しています。牧草だけで無く麦類もこれで刈っているようです。この地域では、コンバインは普及しておらず、刈り取りし、ほ場で牧草と同様に乾燥してから収集し、トラクターに直結する巻き込み型の脱穀機で脱穀します。チャイポット（お茶立て道具）も農作業の必需品です。藁や薪で野立てが出来ます。

7.3

　昨日から今日まで1泊2日にて、アンカラに出張しました。トルコのＪＩＣＡ事務所は、本年度4回の安全対策会議を開催することとしており、私は赴任後、初めて参加しました。

　会場は、語学研修中に滞在したベストアパートホテル。専門家を含めたJICA職員、SVが一同に揃い、トルコにおける日常生活上の安全対策を確認するとともに、相互の情報交換を行いました。ホテルの職員の方々、そしてホテルに居住する猫たちとも、2ヶ月ぶり再会することが出来ました。

　帰路は、新たに開港したオルドゥ・ギレスン空港を利用しました。アンカラにて飛行機に搭乗してから、2時間あまりで自宅に帰ることが出来ました。信じられない速さです。

7.4　ゴミ拾い

　ギレスンに赴任してから、毎週末に自宅近くの海岸沿いの公園の
ゴミ拾いをしています。始めは大きなゴミ袋が一杯になり大変でし
たが、毎回、少しずつ減っており、やり甲斐があります。最近は、
私を見かけるとゴミを持ってきてくれる人もいます。ギレスンにい
る限りは続けていこうと思います。

7.6　ソウット

　青空に小さな白い点々が飛んでいます。これは、楡に似た木から
飛び散っている花です。綿毛状のため、とても広範囲に飛んでいき
ます。そして、作物の葉や車や屋根など様々なところに付きます。
チャモルックなどの内陸部では、先月から飛び散っており、天気の
良い日には、車の窓からもキラキラと光って見えます。

　トルコ語では、ソウット（Söğüt）という楡の一種です。カバック
（Kavak）ポプラではありません。カバックは春先に花が飛び、夏に
はソウットが飛びます。

7.8　ドウット

　トルコには、白い桑の実（トルコ語では Düt: ドウット）があり、今
が収穫期です。チャモルックのグジェル村のジェラルさんの家では、
夫婦でジャム作りに励んでいました。

　まず、大鍋でゆで上げ、圧搾機で絞ります。そして金属製の皿で
天日干しをします。砂糖は一切加えず、天日干しと再度、煮詰める
ことで調整するようです。大昔から続けている方法です。

　あまりに美味いので、皿の中に蜂がおぼれていました。

　自家消費の他、兄弟、村の住民、チャモルックの知人、都会にい
る親戚や知人など、様々な人へ土産として配り、残りを売っている

ようです。とても甘くてコクがあります。

　昔の日本の農家と同じで何でも自分たちで作ってしまいます。ちなみにジェラルさんは、ここの村長を6年間もしている村の名士です。

7.9

　チャモルックのウスジャ村にて栽培している在来種の白インゲン。甘くおいしい上に、皮が薄いので調理時間が短いと高い評価を得ています。

　栽培する際にも、蔓が伸びても草丈が70cm程度なので、支柱を必要としないという長所があります。現在、収量が高い改良種（新品種）と競合して栽培されていますが、それぞれの長所を活かして、全体の生産量を伸ばしていきたいと思います。

　この地域のインゲンが美味しいのは品種だけで無く、一日の気温差が大きく、周囲の山々から湧き出るきれいな水があり、川が運ぶ砂目の土壌があることも大きな要因です。

アルトビン県旅行

　シニア海外ボランティアーは、任期中に年間20日間の休暇を取ることが出来る。これは、配属先のトルコの職員と同じです。その他、年間15日間の任国外旅行（日本への帰国を含む外国旅行のための特別休暇）を取ることが出来る。赴任後、初めての国内旅行は、隣国ジョージアとの国境のアルトビン県へ行った。

7.17　ジョージア国境

　国境は、不思議な場所です。昨日は、ギレスンから約300km離れたsarpの国境を訪ねました。わずか10m先は、外国であるジョージアです。大きな声を出せば聞こえるところで、沢山の人たちが

海水浴を楽しんでいます。ジョージアとトルコの間には小さな沢があるだけで、家の様子も変わりありません。トルコ側の民家には、ジョージア　ナンバーの車があちこちに止められており、一緒にバイラン（断食明けの休暇）を楽しんでいる様子が見かけられました。だぶん、親戚や友人なのでしょう。しかし、ジョージアへ行くには、重厚な壁や柵で仕切られた国境を超える手続きをしなければなりません。歴史の偶然でここに国境が定められたのだと思います。同じ集落がある時に分断されたとしか思えない空間が、ここにはあります。

7.18　シャブシャット

　今日は高原の町、シャブシャットを訪ねました。地図を見ていて興味を惹かれたので、行ってみました。そこで、偶然、ファティフさんの長男のムハメット君に声をかけられ、楽しいひと時を過ごすこととなりました。親子ともに、日本にとても関心を持っており、特に高校二年の長女のメルベさんは、日本語をテレビや本で勉強しているそうです。国際放送の NHK ワールドは、日々見て日本の情報を吸収しているとのこと。大したものです。

　次に三連休の機会があったら、ぜひ、また会いに行きたいです。

　日本語とトルコ語は、基本的な語順が同じ、助詞があるなど似ている部分が多くあります。トルコ語、モンゴル語、ハングル（韓国語）、日本語がとても似た部分があることに、長い年月の人間の交流の道筋を感じます。

7.21　村の結婚式

　昨日、ラマザン（断食月）前に知り合ったバヤズ村のアリシャンさんから家に来ないかとというお誘いの電話がかかりました。標高約 500m の山の上の集落に到着すると、何と結婚式が執り行われて

いました。新婦側の式はこの村で行い、新郎側は、イスタンブールで行うとのこと。(トルコは大抵、双方でそれぞれ行います)

　遥か眼下に黒海の夕日とギレスンの夜景を眺めながら、庭に設置された舞台で新郎新婦と若い女性達は踊り続けました。男性も時々踊りながら飲食や仲間との会話を楽しんでいました。私もわからないながらも何とか踊りました。

　賑やかな音楽が止まると、様々な儀式が執り行われました。村の笛と太鼓による行進、ケーキカット、地元の土を新婦・新郎の手に付けて、この村のことを忘れないことを祈る儀式など。さわやかな山の夜風に吹かれながら思い出に残る時間を過ごすことが出来ました。アリシャンさん、本当にありがとう。

イチゴの摘花・摘果作業　ガリップさん

ギレスンで暮らして2ヶ月が過ぎて

1　ギレスンの農業と派遣先

　ギレスン県は、農家戸数が約85,000戸、その内約80,000戸がヘーゼルナッツ農家です。実に農地面積（放牧地を除く）の79%、農業生産額の82%を占めます。まさにギレスンの農業は、ヘーゼルナッツに支えられています。ヘーゼルナッツに次ぐのが牧畜です。一方、トルコが世界に誇る農産物である果樹、野菜の作付けは少なく、極めて小規模です。特に、乾燥し冬季の気温が低く、ヘーゼルナッツの栽培が難しい内陸部の農業は、とても脆弱です。

　赴任先は、食糧農業畜産局ギレスン県事務所の農村開発・組織化推進部です。部長以下、農業技師4名、獣医師2名、その他5名計12名の職員がいます。地域には、農業協同組合、漁業組合、ヘーゼルナッツ生産組合、養蜂業組合、酪農組合、種畜生産組合があり、農業開発・組織化推進部では、機械・施設導入や新たな農業組織の設立指導をしています。私達SV（シニアボランティアー）が関わる事業では、新規作目導入による所得向上を目指し、果樹類やイチゴ導入と普及を進めています。これらの活動拠点は内陸部のチャモルック郡です。チャモルックには、食糧農業畜産局の支局があり、CP（カウンターパート）のエルカン支局長（農業技師）、以下3人の職員がいます。

　ここでの当面の活動内容は、チャモルック郡における　①いちご栽培指導、②地理的認証制度の申請を行うインゲン豆の生産振興と生産拡大　③いちご栽培の拡大　④若い農業者の活動促進（相互交流やグループ活動）⑤夏期滞在者への生産指導です。

　いちご栽培は、ハウスを導入した3戸中、1戸（グジェル村）が順調に栽培し、5月から6月末までに約250kg（10a当たり約2トン）を販売しています。標高の高いプナルル村での巡回調査では、若手農家を含む5戸が在来種（地域で昔から栽培している品種）のいちごを露地（通常の畑）で栽培しており、栽培拡大やハウス栽培の導入

を希望しています。

　インゲン豆は、在来品種と改良種（新たに種苗メーカーが販売している種子を購入するもの）があります。また、支柱を使う方法と使わない方法で栽培しています。今後、それぞれの栽培方法を観察し、長所、欠点を確認した上で生産拡大のための方法を提案していきたいと思います。

　チャモルック郡は、日本の多くの農村と同じように農業者が減少し、高齢化が進み、耕作しない農地が拡大しています。しかし、各村には、人数は限られるが、40才以下の若い農業者がいます。また、夏期の4〜5ヶ月間に都会から戻って来る多くの人達がいます。夏季の最盛期には、居住人口が5倍に増えるそうです。これらの人達に対して、技術指導、情報提供やグループ活動の実施を促し、農村活性化を進めていきたいと思います。

2　トルコの第一印象

　トルコは、とても親日的な国です。日本人の性格や行動をほめる人が多く、特に30代以上の男性にその傾向が顕著です。ただし、高校生など10代後半の女性は、Kポップスや韓流ドラマが大好きなため、日本人よりも韓国人に親近感を持つ傾向があります。

　また、大らかで大雑把な国です。野菜、肉、魚などほとんどの食材は、1kgか500g単位で販売します。時間の概念も約束した時刻の前後30分間位は誤差の範囲です。一度会えば皆、友達です。少なくとも友達だと紹介します。トルコの人にうっかり「私は友達がいない」と話してしまうと本気で心配します。通じようが通じまいが、tamam（わかった　と言う意味）で、その場しのぎは出来ます。辞書では「ＯＫ」と訳されますが、違います。様々な意味で使えます。

　人なつっこく、家族を大切にする人達の国です。特にチャモルックのような地方の農村だとあちこちから「茶を飲んでいかないか？」と誘われます。そして家族のことを尋ねます。仕事が終わった後や休日には、家族で過ごす人が多く、女性は料理が堪能です。専業主

婦が多く、家庭料理が基本の国です。

　残念ながら非常に肥満が多い国です。男女ともに 20 代前半まで
は、非常にスタイルが良く、美しいのですが、その後、急激に肥大
化していきます。食事の量が多く、しかも調理に使う油分が多く、
デザートを必ず食べるなど食生活に問題があります。また、学校の
授業に体育が無く、成人した後にスポーツをする習慣の無い人が多
いため、20 代後半になり基礎代謝が低下すると一気に太り出すの
だと思われます。

　英語を堪能に話す人は、限定されます。トルコの地方都市や農村
部で活動するには、トルコ語を習得することが重要です。多くの職
員と英語では、十分なコミュニケーションがとれません。私の場合、
一般のトルコ人と直接、対応する機会が多いため、トルコ語で意思
疎通が図れないと活動が出来ません。トルコに来てから、計 108 時
間トルコ語の訓練を受けましたが、現地活動できる語学力には至り
ません。今後、ギレスンで活動しながら、語学学習をしていきたい
と思います。

2．トルコ赴任4ヶ月からジョージア旅行まで
2015.7.26 〜 2015.10.17

初めて、2泊3日の旅行に行ってからは、公共交通機関を利用して、一人でトルコ国内を移動する自信がついた。まだまだトルコ語は余り通じないものの、ちまたの人々に声をかけたり、かけられたりすることで常に身近な情報を得ることが可能になり、平常心で日々、過ごすことが出来るようになってきた。

7.26

今日は、早朝にジョギングをすることが出来て、余裕があったので、40 kmほど離れたチレボル（Tirebolu）へ行ってきました。

海に突き出た小さな岬の上に古城があり、町を一望にすることが出来ます。ゴミが一つも無い町並みは、とてもきれいです。そしてとても素敵なビーチがあります。大勢の人で賑わっていました。晴天の日に再度訪れて、美しい写真を届けます。明日からは、再びチャモルックで活動です。

7.27

トラックに天まで届けとばかりに満載された袋の山。今、黒海沿岸や谷間の町にてよく見かける風景です。中身は何か？そうなん

です。牧草や麦わら、つまり牛の粗飼料です。

　今の時期、高原や内陸の飼料が豊富な地域から飼料が足りない沿岸部へ大量に流通されています。豆や麦を詰めるのと同じような袋に入れた牧草は、おおよそ15kg。一袋6TL（300円くらい）で農家が購入しているようです。生産農家の販売時はその半額くらいだと思います。

7.28

　チャモルックの滞在2日目、清流が流れるウスジャ村へ、インゲン豆の生育状況の確認に行きました。ここでは、川の流域の広い畑で約30haのインゲン豆を栽培しており、その内、約半分がこの地域で維持してきた在来種です。清流が運んだ砂目の土壌、大きな寒暖の差、そして甘みと調理のしやすさで選抜してきた品種という条件が整い、とても品質の高い豆が栽培されています。

　ドゥスンさんの案内で畑を確認した後、日が傾くまで、エルカン職員と3人で畑の作業場でチャイを飲みながら話していました。農家まわりは、どこの国でも楽しいです

7.29　ガリップさん

　プナルル村のガリップさんのイチゴは、6月中旬に全ての花芽と実を摘み取り、苗を養成した結果、見事に育っています。土壌由来の生育障害があった右側の品種（ARBION）も回復してきています。そして、いちごの収穫も始めています。

　あれ！花も実も摘んでしまったのでは？　実は、二度目に育つ花芽（腋花芽）をしっかり残していたのです。都会から来た孫が本当に喜んでいるよ！と話してさっそうとトラクターに乗るガリップさん。すっかりしてやられました。

　ガリップさんは、頑固な方ですが、村人から信頼されています。

もう年だからと口では言いながら、あれこれ動き回る日本にも良くいるタイプの農家です。ちょっと扱いの難しいところもありますが、ガリップ家自慢のアイラン（トルコ風の塩味のヨーグルト）をいっぱい飲んで仲良くなるように努めています。本当にうまいです。

- -

7.31

　今、継続してチャモルック地域の村々のインゲン豆の生育状況を調べています。ほとんどの村に在来種があり、それぞれに特徴があります。花もがくも紫のもの、花は白、がくは紫のもの、花もがくも白のものなど様々です。けっこうきれいでしょ！（口絵パンフレット②参照）

　5月上旬から6月上旬に播種し、今が開花期から莢の形成期になっています。栽培方法も支柱を使うもの、使わないものと様々ですが、狭い畑では、支柱を使う傾向があります。

　トルコの重要な食材である成熟したインゲン豆は、8月下旬から9月中旬に収穫を迎えます。もちろん、日本の同様に成熟する前の生インゲンも食べます。

- -

＜気象ミニ知識＞

　日本は島国で、しかも上空に常に強い偏西風が吹いています。このため、高い山は、理科で習ったとおりに、標高に応じて100mごとに0.5℃から1℃気温が低下します。ところが中東に接している大陸国トルコでは、東からかなり上空に達する猛烈な熱風が吹いてきます。このため内陸部の山は2000m以上でも信じられないほど気温が上がります。30℃くらいはざらです。一方、海岸沿いのギレスンは黒海から冷たい風が吹くため、湿気が高い代わりに気温は30℃くらいで留まります。1000kmも離れた中東の乾燥地帯の影響の大きさ、トルコに来て本当に勉強になりました。

8.1　行政管理官（カイマカン）

　今回のチャモルック滞在最終日は、慌ただしく過ぎました。午前中にバイラン氏のいちごハウスに行き、前回同様に除草作業。もう少し、しっかり管理をして欲しい。

　午後は、ギレスンの職員とオルドゥー大学の先生が訪れた。まず、国から派遣されているチャモルックの行政管理官（カイマカン：kaymakan）を表敬。ちなみにトルコでは、選挙で選ばれる市長（バシカン）の上に中央政府から任命される行政管理官（カイマカン）がおり、郡の行政運営と軍隊の指揮監督を行っています。

　その後、ウスジャ村のドゥスンさんのインゲン豆を観察。今日は、まず子犬が迎えてくれました。ドゥスンさんは、帰り間際にアイスクリームのみやげを持参し、オフロードバイクでさっそうと登場しました！

　私達は、その後、大学の先生方とともに公用車に同乗し、夜8時にギレスンに戻りました。

8.5　夏期放牧のための村（オバス）

　ギレスン県のデレリ郡の一番山奥の村アクス（aksu）から20kmほど山道を登った夏期放牧地帯（ヤエラ）に行きました。

　ここは、観光地化されておらず、昔からのヤエラの生活を見ることが出来ました。石を積み上げて壁を作り、その上に木で屋根の骨組みを作り、ビニールシートをかけて夏場の住居を作ります。大きなものが人間の住居、小さなものが鶏小屋、屋根が無いのは羊や牛の野営場です。日中は、羊や牛は広大な遊牧地を移動しながら、自然に生えてきた草を食べます。餌は全てこの地のものですから植生を壊すことはありません。おそらく、長い年月の間、夏場はこうした高原地帯を移動しながら、生活してきたのだと思います。小屋は

質素ですが、現在は自家用車があり、太陽光発電による電気もあり、ガスコンロもありました。当然、携帯電話があるので、若い子はスマホを楽しんでいると思います。

　いずれにしても10kmから20kmの範囲を見渡しながら、常に洞察力や達観力を磨いて、放牧をしているトルコの農家の人が、日本の農家のように目の前の細かなことを注意したり、細かな将来計画を立てて、生きることは、かなり難しい！と納得させられました。

　トルコの農業の根幹である放牧は、自然の恵みをそのまま受け入れて、リスク回避を最大に考えて、耕さない農業なのですから。

　登山道のような道を車は、ある限りの力を振り絞って、標高2300mの村まで登って来ました。ここでの放牧の密度は、おおよそ、2km×5km＝1000haに羊や牛が200〜300頭くらいです。この密度だと野草を程良く摘み取る程度なので、宿根草が中心の高地では問題なく、維持できます。

8.7 ペイパザール

アンカラの日本大使館での用事を済ませた後、3ヶ月半ぶりにベイパザール（beypazar）に来ました。ここは、旧市街地の昔の町並みを復活させ、観光地化した町です。アンカラから100km（バスで約1時間半）と近く、休日は多くの来客で賑わいます。

イメージからすると日本の長野県の小布施町の小型版という感じです。埼玉県の川越市の菓子屋横町の大型版ともいえます。

私がここを気に入っているのは、なんといっても町が美しいことです。あれだけの観光客が来るのに、朝はどの通りもゴミ一つありません。日本では当たり前かも知れませんが、トルコでは本当にすごいことだと感心します。

8.8

アンカラからギレスンへの帰り道、途中のサムスンにて市内電車に乗りました。サムスンは、ギレスンの約150km東にある黒海東部地域最大の都市です。路面電車の様な車両の電車が市の中心地と郊外の大学の間（約15km）を30分で結んでいます。料金は2TL均一（約80円）と手頃です。段差が無く乗り降りが便利で、車両はきれい、日本の電車と同様に優先席もきちんと整備されています。日中は5分間隔で運転されているので、多くの市民が利用しています。

三男祐輔の死

　8月9日にギレスンに戻り、翌10日は事務所に出勤した。いつも通りに職員食堂で昼食をとり、事務所に戻ると、程なくしてシニアボランティアーの児玉さんが慌てた様子で、私に自分の携帯電話を渡した。「アンカラの小澤さんから緊急連絡！」

　小澤さんは、JICAアンカラ事務所でシニアボランティアーの活動調整や連絡をしている職員だ。

　「息子さんが亡くなりました。すぐに帰国出来ますか？」「もちろん、帰国します」

　一体、誰が無くなったのか、その時点では分からなかった。交通事故であって欲しくない。まず、頭に浮かんだのはこのことだった。仕事中だとすると、4人の息子の内、事故で亡くなる可能性があるのは、船員である祐輔しか思い浮かばなかった。

　荷物をまとめるため、急いで帰宅した。帰宅してすぐにメールを確認すると、次女の遥から「祐ちゃんが死んだ」というメッセージが入っていた。

　その後は、オルドゥ・ギレスン空港、17時のフライトに間に合わせるために必死で準備をした。洗濯物や洗い物など片づけられないものが多かったが、シニアボランティアー仲間の児玉さんと岩佐さんに託した。空港まではカウンターパートのマリック氏が公用車を手配して、送ってくれた。多くの仲間の協力により、搭乗することが出来て、イスタンブール空港に着いた。

　この時、ようやく気持ちを落ち着かせることが出来た。日本にメールをしたが、死体確認などに追われており、なかなか連絡が取れなかった。やがて、メールや電話のやりとりが可能になった。

　その結果、乗船していた石灰岩を運ぶ貨物船からの積み降ろし作業中に起きた事故であること。千葉県の君津港にて発生したこと。遺体は翌日、自宅へ戻る予定であること。妻と子供達とともに兄が現地へ行ってくれていることなどがわかった。

　私が自宅に戻る頃、祐輔の遺体もおそらく自宅に戻ることがわ

かった。

　オルドゥ・ギレスン空港を発ち、埼玉県小川町の自宅に到着するまでの２４時間、様々なことが心に浮かんだ。しかし、何よりも帰国して行うことは葬儀であり、「多くの人に集まってもらい、祐輔を送り出したい。」と思いが強かった。悲しみは感じる余裕は無く、一方でこのような場になってしまったが、久しぶりに家族が揃うことを心待ちにしていた。

　そして、８月１１日の深夜、私は棺に入った祐輔と再会した。事故の内容を聞いていたので、まともに姿を見られない事態も覚悟していた。しかし、顔や上半身は予想外にきれいで、ほっとした。子供の死に顔を見ることになるとは予想だにしなかった。しかし、この時点でも現実感が無く、悲しみは押し寄せてこなかった。ただし、子供達には祐輔のことを決して忘れないようにと伝えた。結婚せず、子供も持たずに亡くなった祐輔のことは、兄弟がその子供達に伝えなければ、数十年後には忘れ去られてしまうのだ。親として、それはとても悲しいことだ。

　８月18日、多くの方々に送られて、祐輔は旅立っていった。祐輔の葬儀が終わりました。２日間で約300名の方々がご会葬をされました。国内外の沢山の方から暖かな言葉やメッセージをいただきました。本当にありがとうございます。私達、家族は皆様のおかげで再び、暖かな心を取り戻して、それぞれの地に戻って行きます。

Funeral of Yusuke was over.

We received warmful words from a lot of people.

Thank you very much.

Yusuke cenazesi bitmişti.

Biz çok fazla insanlar dan bir samimi sözler aldık.

Çok teşekkür ederiz.

8.27　トルコへ帰国

我が家の家族に送られて、再びトルコに出発しました。

4匹の猫は、お腹を出しての応援です。ほぼ一日かけて任地のギレスンに戻ります。今は、イスタンブール空港にいます。

8.28

日本からトルコに戻る時に飛行機の乗り換え時間が12時間もあったため、イスタンブールの街を歩きました。ヨーロッパとアジアを分けるボスポラス海峡を連絡船で渡り、古代のキリスト教会をモスクに変え、現在は博物館になっているアヤソフィアの幻想的な雰囲気に酔いました。（口絵写真「1. イスタンブールの世界遺産」）

8.29　フンドゥック

今、ギレスンは至る所、ヘーゼルナッツ（トルコ語で「フンドゥック」といいます）に占拠されています。

地域の農業生産の80％を支え、地域経済的にも最も重要な生産物です。

東西200km、南北50kmほどの地域の山々がほとんどヘーゼルナッツなのですが、今までは当たり前の山林の景色として慣れ親しんでいます。

収穫期を迎えて、人々の動きが代わり、脱粒機が走り回り、空き地という空き地が乾燥調整のために占拠され、さすがに世界一の生産地の迫力を実感しています。

クヌギの実の子供のような形をしているのですが、乾燥後にあら皮を剥くととても香ばしいナッツになります。昨年は凶作でしたが、今年は順調に収穫が進んでいます。生産者の乾燥調

整後の出荷価格は、1kg当たり700円くらいです。これが加工流通されると4.5倍になります。日本の皆様もぜひ、ご賞味あれ！

8.30

　ギレスンからミニバス（ドルムシュ）で2時間かけて、放牧地の高原（ヤイラ）の町の一つ、ベクタスに行きました。

　今日は、野菜や雑貨を売る市（パザール）と合わせて、家畜市も開催されており、周囲のヤイラの農家やギレスンからの観光客でとても賑わいました。ただし、気温は20℃。ギレスン市内よりも10℃近く低く、驚きました。高原はもう秋です。

　私が触っているのは、山羊乳で作ったチーズです。山羊の皮で作った容器の中にチーズが詰まっています。人形みたいで可愛らしいです。チーズは1kg当たり約1800円。約17kgあるこの人形だと32,000円くらいです。

8.31

　1ヶ月ぶりに内陸の町、チャモルックに戻ってきました。緑豊かなギレスンから、標高2200mの峠を越えると、景色が一変します。

　既に夏枯れして茶色に変わった草原と灌木、水辺の生えている木々と灌水している畑だけが緑色という世界です。でもこうした乾いた世界もたびたび、訪れると懐かしい景色に変わっていきます。

　風土は乾いていても、人々の心はとても優しくしっとりしています。

9.1　インゲン豆の収穫期

　ハウスいちご農家を2軒巡回しました。ユクセルさん、ガリップさん共にいちごの生育状況は良好です。今は、ちまたに花が少ないため、花が咲いていて実もあり、しかもポカポカのいちごハウスは、蜂の格好の飛来場所と餌場になります。果実も蜂に食べられていますが、生産者は皆、養蜂もしているため、承知しています。

　インゲン豆は、いよいよ収穫期を迎えた。ここでは、まだ茎葉に緑色が残り、莢もようやく茶色に変化してきた段階で、どんどん刈り取りします。収穫時の子実の水分はまだ高く、日本では考えられない状態です。しかし、収穫した後、莢をシートに広げて乾燥していると次第に変色し、数日後には莢がはじけてきます。確かにこの方法だと収穫時の脱粒ロスは皆無です。一日の寒暖の差が10℃以上あり、昼は気温が高いが夜は寒く、非常に乾燥しているここの気候を見事に利用した収穫方法だと思いました。

　世界は本当に広くて、いろいろなやり方があるのを実感しました。プナルル村のサジュックさんの母さんに新豆で作ったスープをごちそうになりました。程良い豆の甘みがあって最高でした。

　トルコの農家は、野菜を収穫後に乾燥加工を行います。ピーマン、ナス、トマトなど多様な野菜を乾燥します。果実や野菜類が豊富で気候がとても乾燥していることを利用した保存食です。乾燥すると味が濃厚になるので、スープなどの食材としてもとても便利です。

9.2

　田んぼの中ならず、ここでは、インゲン豆畑の中に「かかし」がいます。まだ青々している畑ですが、この状態から刈り取りを初めて行きます。刈り取った後にしっかり乾かして、シートや布の上で、はぜけていくのを待ちます。

チャモルックで農作物に被害を与える有害鳥獣としては、日本と同様のイノシシ、熊（ヒグマくらい大きいもの）、野ネズミや鳥類の他、野生の山羊やオオカミもいます。牛や山羊を至るところで放牧しているので、それらが柵や石垣を乗り越えて、被害を受けることもあります。猿やアライグマやハクビシンなどがいないのがせめてもの救いです。

9.3

新たにいちごの栽培を始めるために耕耘した畑に何やら大きな草が生えてきました。日本でもとても問題になっているイチビです。

チャモルックの畑でもあちこちで発生しており、占有されて収穫出来なくなるインゲン豆もあります。除草剤はあまり効果がないため、小さな内にしっかり抜くしかありません。

1ヶ月越しの希望が叶い、農業委員会の職員と食料農業畜産局の支所の職員と私の3人で今後のチャモルックの農業振興について、話し合いが出来ました。

地域の農産物のラベル作成を提案したところ、すでに蜂蜜で作成しているので、見て欲しいとさっそく、生産販売している業者を紹介されました。2年前から使用しているそうです。私たちの提案については、農業者に提案し、意見や意向を伺い、取り組みを支援したいということになりました。

2週間後に農業者を集めて、農産物の生産振興、流通促進や農産加工品の衛生管理などの取り組みについて、意見交換する場を持つ予定です。

9.5 朝食セット

普段、ギレスンでは、職場の食堂に行く以外は、ほとんど外食し

ません。

　しかし、家族や知人が来たときに連れて行く店を知らないといけないと思い、自宅の近くにある全国チェーンのレストラン（MADO）の朝食セット（村の朝食セット）を食べました。食事＋紅茶飲み放題で約1300円です。かなり高価ですが、土曜日の午前に高級感のある店でゆったり過ごし、パンをいっぱい食べて2食分を確保したので、大満足です。

　でも確かに高い。自炊する時の食費は一食あたり300円くらいです。

　日本と比べて全般に物価は安く、特に食材は1/4から1/3位の価格なので自炊すれば、とても安いです。ファーストフードは日本の半額くらい。ちゃんとしたレストランでの価格は、日本並です。ただし、いずれも日本の2倍くらいの量があります。トルコは、産油国でないので、ガソリンは1Lあたり220円、軽油も180円くらいとこれはとんでもなく高いです。

- -

9.7　漁の解禁

　ギレスンの9月は、黒海の漁の解禁の季節です。大型の漁船から釣り人の小舟までさまざまな漁が行われます。鰯（トルコ語ではハムシといいます）、鯵、鰹など日本でもなじみのある新鮮な魚が店に並びます。

　となれば、食べるしかありません。今日の夕食メニューは、鯵と葉葱の蒸し焼き、鯵カレー、鯵と辛子ピーマンと人参おろしの和風だしスープです。

　何となく鯵に合いそうな素材を入れてみたら、結構美味しく出来ました。

　次は、鰹に挑戦です。小型の鰹が一匹約250円、日本に比べたら、とても安いです。

　見てくれは、気にせず作りますので、そんなに手間はかかりませ

ん。食材が安いので、エンゲル係数は、確かに低いと思います。トルコ人自体、料理（おかずも含めて）はかなり安く済ませていると思います。ただし、しっかりデザートを食べるので、こちらにはかなりかなり投資します。しかし、酒を飲まないのでそれでも日本人よりは、食費全体は、安いです。

9.11

今日は職員食堂を紹介します。写真のような昼食が5TL（約200円）で食べられます。職員以外も食べることが可能です。安くて助かります。

今日のメニューは、チョルバ（トルコ風スープ）、具入りのピラウとヨグルトです。

パンは、食べ放題です。チャイ（紅茶）は別売りです。

9.15

昨日に引き続いて、インゲン豆の収穫調査を行いました。今日の現場は、標高1700m程のイネジャ村の高地にある畑です。

昨日と異なり雑草がなく、スムーズに作業が進みました。作業の後半では、通りすがりの農家の人達も加わり、賑やかに行うことが出来ました。栽培者の自宅では、色鮮やかに乾燥調整作業が進められています。

午後は、事務所に戻り、農業委員会のアリさんも加わり、地域農産物をPRするためのラベル作成について私達から提案し、全員で意見交換を行いました。

この時期のチャモルックの空は、本当に真っ青です。内陸なので

とても乾燥していますが、時折、雨が降ります。その直後は埃っぽさが無くなり、空が濃紺になります。

トルコの内陸部は、ほとんど標高が1000m以上ある高地です。チャモルックも標高1000mから1600mに村々があります。地域によっては、標高3000m近くまで農村がありますので、日本に比べるとまさに高地の国家です。しかも起伏が激しいです。同じトルコでも地中海沿岸や西部（イスタンブール方面）は全く異なる地勢が広がります。

ふだん住んでいる黒海沿岸のギレスンは、日本と同じように緑が溢れていますが、内陸に入ると本当に乾燥しています。灌水施設があるところにしか野菜は作れませんが、病気の発生は、ほとんどありません。虫はそれなりに発生しますが、日本に比べると桁違いに少ないです。雑草は灌水しているところには、日本と同じようにごそっと出ますが、その他の場所には、あまり発生しません。。

9.16

日本から9000kmも離れた国で生活していると新たな発見ばかりなのですが、実は変わらないものも沢山あります。

親子や家族の絆、ペットの表情、子供達の笑顔です。

今日は、日本から来た折り紙先生（2人の女性シニアボランティアー）が大人気となりました。子供は宝物！子供の笑顔はオアシスです！何時でも何処でも子供の笑顔が見られるのは、嬉しいものです。

9.17　乾燥野菜

チャモルックのヨン様(かなり古いが)コルジャンさんと乾燥野菜、乾燥果実を紹介します。ヨン様がインコを見つめる優しい視線で、ずらりと並んだ冬の食材をご覧下さい。

野菜は、ナス、ピーマン、赤ピーマン。果実はリンゴ、ウメです。この他にもインゲン（生インゲン）、トマトなど多種多様のものを農家の奥さん方が作っています。水で戻して料理の具にしたり、コンフォートを作ったりします。これからやってくる長い冬に備える食材を確保するための、昔からの知恵です。

　チャモルックの現在の気候は、最高気温28℃、最低気温13℃、日中の湿度は40%を割っています。こうした気候が乾燥野菜作りを支えています。

9.18

　早朝、5日間滞在したチャモルックからドルムシュ（ワゴンタイプのミニバス）にて、ギレスンに戻りました。途中の標高2200mの峠を越えると遥か彼方にギレスン（黒海沿岸）を覆う雲が見えてきます。

　内陸の乾燥した大気と黒海沿岸の湿った大気は、このようにくっきりと分かれています。途中、高原の喫茶店でサービスの紅茶を飲み一休み。4時間の旅で華やかなギレスンに到着です。

　そして、職場の隣では、来週24日に行う謝肉祭の準備が進んでいます。来週は、謝肉祭で町はどんな様子になるのでしょうか？

　こちらの地方（黒海東部地域）の山間地で放牧している牛は、ブラウンスイスとシンメンタールが中心です。乳肉兼用として飼育されてます。600kgから650kgくらいのサイズが多いです。24日には、多くの家畜が謝肉祭にて捧げられます。

9.20

　ギレスンは、世界一のヘーゼルナッツの産地です。8月以降、歩道や露地や広場は、ヘーゼルナッツの乾燥、調整場所になっています。

今、ギレスンは、青色（空と黒海）、緑色（ヘーゼルナッツの山々）、茶色（ヘーゼルナッツの実）の３色に包まれています。

　ところで、今回、チャモルックにて蜂蜜の土産をいただきました。その重量は2kg！ぎっしりと蜜が詰まった蜂の巣をそのまま販売しているものです。本当においしいのですが、その量に圧倒されます。でも私は、決心しました。これから毎日、20g以上の蜂蜜を食べます。そうすれば、今年中には、食べきれるはず。まずは、蜂蜜レモンにチャレンジしよう！

　ギレスンの農家は、黒海寄りはヘーゼルナッツ。内陸は牧草栽培を含めた畜産、一部にいんげん豆などの特産物　と多くが特定の品目に頼った農業をしています。しかし、農家経済的には、ほとんどが農業収入に頼らない第二種兼業農家です。農業補助金もありますが、サラリーマン子弟の収入＋本人の年金収入＋都会に住む家族からの仕送りなど、多様な収入源を確保して暮らしています。ヘーゼルナッツは、収入源と言うよりも農家としてのアイデンティティーと家族の絆を確認し合う、無くてはならない存在という気がします。日本の兼業農家の水稲に極めて近い存在です。

　トルコの農村問題は、日本との共通項がいっぱいあり、貧困やインフラ未整備や地域内外の経済格差や人材過剰が問題となる開発途上国とはかなり異なります。

　トルコでは蜜蝋（蜜蜂の巣）を当たり前に食べます。これがとてもうまい。スーパーで売っているものは、低速の遠心分離器にかけて蜜だけにしたものがほとんどですが、産地の人々は、巣ごと食べるこのタイプにこだわります。日本でもニホンミツバチは巣ごと潰して圧搾したりするようです。今回、いただいたのは、ひと巣当たり40TL（今の為替レートで1600円）のもの。チャモルックは、養蜂がとても盛んな地域で価格も手ごろです。養蜂ではちょっと怖い話しもあります。日々、養蜂農家は熊の襲来に悩んでいるのです。

トルコ東北部　旅行

9.22　バイブルト

　謝肉祭にてしばらく休みなので、トルコ東北部の内陸地域に旅行に出かけました。まずギレスンから300kmほど離れたバイブルトという町に寄りました。

　ここは、標高1500mから2000mほどの乾いた台地に囲まれたオアシスのような町です。裏山には約2000年前に作られた古城があり、町や周囲の丘を一望にすることが出来ます。

　バスで知り合った人と食事をとり、古城では家族連れに声をかけられ、写真を撮りました。

　トルコは、日本以上に古い歴史を持つ上に、石や鉄の文化の国なので、2000年以上前の遺跡が至る所にあります。保存状況は良い場所とそうでない場所と様々です。

9.23　アルダハム

　バスに一日、乗り続けて、トルコで最も東北に位置する県、アルダハムに来ました。夕食に偶然入った店の奥に不思議な部屋がありました。食事のテーブルには、来客が書いたメモ書き（ほとんどが彼女宛のラブレター：たぶん渡したいけど渡せないもの）。そして、壁には世界の偉人の格言がズラリ。

　「女性は弱いが、母は強し：ビクトル　ヒューゴ」

　「自分が無知であることを知っている人は、知らない人よりも賢い：ソクラテス」など様々なものがありました。料理は美味しくなく、少し高かったけれども楽しかったです。

9.24　シャブシャットにて謝肉祭

　ついに謝肉祭当日になりました。朝、8時半にアルダハムを出発したバスの車窓から農家の庭先で牛や山羊が捧げられている姿を見ながら、シャブシャット（şavşat）に向かいました。そして、7月に知り合ったファティフさん家族と再会しました。

　ファティフさんの別荘には、親戚が集まり牛の到着を待っていました。やって来たのは、牛の頭部。まずこの牛に感謝した後、頭を解体し肉を取り出し、自宅に戻ってから料理を一緒に作り、思いっきり食べました。

　牛の頭の解体はファティフさんと息子のモハメット君で行いました。その後、家族全員でケバブ（焼き肉）やキョフテ（ハンバーグ）を作りました。一族総出で分担しました。頬の肉や舌（タン）は取りますが、脳は食べません。

　美味しい肉を与えてくれた牛と初めての謝肉祭を素敵な思い出にしてくださったファチフさん家族に心から感謝です。皆さんもこの素敵な町にぜひ、遊びに来て下さい。

Muhammet Ali Bayraktaroğlu biz bir aileyiz
モハメット君から　「あなたは家族の一員です。」
Bu gerçekten eğlenceli oldu. Teşekkür ederim. Bir sonraki çocuklarla gitmektir.
今回は、本当に楽しく過ごせました。ありがとうございました。次は子供達と一緒に行きます。

- -

9.28　再びチャモルックへ

　10日ぶりにチャモルックにやってきました。いんげん豆の収穫は既に終盤です。ウスジャ村のドゥスンさんは、イチビ（雑草）を

抜きながら手作業で、収穫を続けています。立毛（畑で生育している状態）で成熟し、十分に乾燥しているため、豆が莢から脱粒し始めています。

あと数日間、収穫を行いますが、その後は収穫をあきらめ、トラクターにて耕耘することにしました。

雑草を片付けながら、全てを収穫するのは、まだ長期間を要する上、豆は脱粒し収穫できなくなり、雑草の種ははじけと飛び、次年度はさらに増えてしまうからです。多くの豆が畑に残りますが、仕方ありません。

9.29

2週間前に収穫調査を行ったイネジェ村のサリムさんのインゲン畑を訪ねました。昨日で収穫は終了したのですが、まだ莢や豆が畑に畑に落ちています。ご夫婦で作業をしていましたので、私達もしばらくお手伝いをしてから、話を伺いました。

今年の収量は150kg／10aくらい。昨年に比べて約半分とのこと。後日、こちらの調査結果と比べていきたいと思います。減収の原因は、2年目の栽培で雑草が多くなったためと答えました。家畜糞堆肥などの全体的な肥料不足も原因なのでは、と私は思っています。

来年も連作をするそうなので、再度、訪問して施肥について話をしたいと思います。

9.30

チャモルックのハウスいちご栽培農家のガリップさんを訪問すると、いつも何か新たな発見があります。今日もやっぱりありました。

まず、奥さんが作っている料理。材料は、カボチャおよびズッキーニの花です。トルコではどちらもカバック：kabak という同じ名前で呼びます。雄花の中に麦の粒を入れて、味付けして煮込みます。

次は巨大ないんげん豆。普通のインゲン豆の4倍以上の大きさがあります。収穫した後のインゲンの茎葉は、牛に餌として与えています。

そして、最後は嬉しい発見でした。いちごの苗作りを以前、私が渡したイラスト資料を参考に始めていました。ごく小面積ですが、農家の行動に少しでも影響を与えられたならば、ここに来た甲斐があります。ランナーが出てきているので、至急、除草をするように話しました。

ランナーとは、いちごの株から伸びて子株が付く蔓（茎）です。上手に育てれば、1つの親株から30以上の子株が育ちます。

10.1

現場で活動をしていると、時には、楽しくないことも起こります。

昨夜、激しい雨が降り、今朝は、周囲の山々がいままで見たことが無い美しい姿を見せてくれました。しかし、その後、現場に行くと、ユクセルさんから、金にならないからイチゴ栽培を止めたいと突然に告げられ、慌てて栽培の継続を説得。バイランさんは、前回訪問時から引き続き、いちご栽培を放棄していたので、土を入れ替え、来春からいちご栽培を再開することを約束してもらいました。

しかし、その後、知り合いの乾物屋さんに「地元のいんげん豆と乾燥リンゴが入ったから見ていけよ」と声をかけられ、励まされました。

＜チャモルックでのハウスいちご栽培の経緯と現状＞

チャモルックでの取り組みは、ハウスイチゴが全くない地域に、試験的に設置した小さなビニールハウスでの栽培ですので、その収穫だけではたいした売り上げにはなりません。

現在取り組んでいる3戸は、地域のリーダーではあるが、農業だけに頼っておらず、新たなことを行うリスクに耐えられる農家です。

だからこそ、試験栽培に関心を持ち、導入を要望した気がします。

これから新たに食料農業畜産局の補助事業を活用（半額補助）して、いちごハウスを導入する６戸（内、チャモルックが３戸または４戸、デレリが２戸）についても希望者を若手農家を中心に巡回して、募りました。しかし、手を上げた方は、結局、同じ傾向にあります。

いちごの品種は、Camarosa,Fortuna,Majove,San andreas,Kabarsa,Arbion、いずれもアメリカにて育種された夏イチゴ品種です。トルコの地中海沿岸では、相当大規模ないちご栽培が行われており、ロシヤやEU諸国に輸出しているそうですが、私が活動している地域は、そうした産地では無く、露地では自家用にごく小面積の在来品種を栽培している程度で、無加温のハウス栽培は現在行っている３カ所しかありません。

在来品種の露地栽培（収穫期間は６月下旬から８月上旬）に比べて収穫期間が約３倍（５月下旬から10月上旬）に延びるため、この栽培を進めています。

ちなみに活動している地域は、標高1000mから1700mある高地で収穫期にはほとんど雨が降りません。気候的には、非常にいちごに適していると思います。

現在は、化学肥料も農薬も全く使わない有機栽培で行っています。日本と違い、病気の発生は非常に少なく、最大の害虫は収穫後期の蜂（果実を食べてしまう）なのですが、皆、養蜂農家なので蜂蜜で稼げば良いと目をつむっています。

10.3

昨日、ギレスンに戻りました。チャモルックからここに戻ると、あまりの気候と環境の違いにチャモルックという外国へ出張に行ってきたような錯覚にとらわれることがあります。

11月１日の総選挙に向けて県庁前には、与党であるAKPの青と黄色旗がきれいに飾られました。別の場所には野党の一つである

CHPの赤い旗が同じように飾られており、街は選挙一色に変わっていきます。

県庁の先に広がるのは、国会ならぬ黒海です。本当に黒く見えることがある不思議な海です。

10.6　分解調査

収穫調査の重要な内容である分解調査をしています。調査区ごとに莢から豆を取り出し、豆の数と重さを計り、篩にかけたり、目で見て判断して、小さな粒や奇形や病気や汚れた粒を除きます。こうして商品になる割合を出します。これに収穫時に畑で行った栽培密度（1m² 当たりの本数）、いんげん豆一本当たりの莢数の調査結果を合わせて使い、1000m² 当たりの収量を推測します。別途、農家から聞き取り調査した畑の推測収量との誤差が収穫ロスとなります。今日の調査結果は、良い畑で概ね 1000m² 当たり 300kg、悪い畑で概ね 150kg でした。農家からの聞き取り結果は、その60%から70% 程度です。

10.7　意見交換

カウンターパートである食糧農業畜産局のハイダルさん、マリックさんとシニアボランティア4人が集まり、これからの活動について意見交換をしました。真剣な議論とリラックスした会話が交差する有意義なひとときでした。夏期のイチゴハウスに設置する遮光ネットをトルコ側の事業内容に加えてもらうよう要望し、検討することになりました。

会議をしているのは、ハイダル部長の部屋です。とても広いです。私の部屋は、その1／3の大きさを二人で使っています。それでも日本の職場に比べると2倍くらいの広さがあります。

アンカラで安全対策会議　その時にテロ発生

10.9

たまには、お客様気分！

アンカラ空港の靴磨き屋さんう空港内でこんなほほえましい光景を発見しました。

同じ時間にアンカラ市内で爆弾テロが発生したことは、本当に残念です。

今回の事件は、平和運動の参加者を狙った大量殺人なので、とても心が痛みます。

トルコの場合、紛争の最大の原因は、東南部に普通に住んでいるグルド人の自治を求める人達と反対する人達（政府を含む）との争いなのですが、そこにISに追われてシリアやイラクから逃げてきたグルド人が加わっているので、とても複雑になっています。

今回の事件の犯人をISと決めつけている報道が多いのが、とても気になります。ISだったら世界中が攻撃しての良いという判断がされてしまい、結果的にアメリカもロシアもEUもこの事件に関与してくるからです。

10.12

アンカラの会議からジェット機からトルコの茶色の大地を見渡して、緑豊かなギレスンに帰るとすっかり秋は深まっていました。

そして、週明けの今日、あちこちのアパートから黒い煙がもくもくと立ち上ってきました。火事ではありません。集中暖房（温湯）の燃料である木材を巨大なボーラーで燃やしているのです。

私のアパートでも、この燃料代がひと冬で一軒あたり、約７万円かかります。室内は快適になりますが、外は煙で環境が悪くなります。

トルコは産油国で無いので、関税の関係で石油がとても高く、木材（廃材やヘーゼルナッツの剪定枝や殻など）、石炭、コークスが重要な熱源になります。この地方では、ロシアから輸入する天然ガスに転換しつつあります。

シバス　旅行

10.16

ギレスンから標高2200mの峠を越えて、バスで３時間。シェビンカラヒシェール（şebinkarahisar）に来ました。ここの見所は古城（kale）。ホテルに荷物置くと、さっそく裏山の頂上にある城に登りました。まさに絶景！

街は、小さいけれども石畳で統一されており、すっきりしています。また、学校が多いせいか、若者がいっぱいで活気に溢れています。11世紀や12世紀のこうした遺跡が街という街にあるところがトルコの凄さです。紀元前で無いと特別、古いという感覚にならないようです。

10.17

早起きして、昨日の城跡に再び登り、朝日を拝みました。そこで発見したのは、朝しか現れない扉（写真参照）。神々しいものでした。

その後、バスに３時間、揺られて着いたのは、トルコ中部の大都市、シバス（sivas）。とても美しい街で人々の表情も明るく、若者が多い街です。

中心部には13世紀に建てられた神学校があり、その一帯が公園

になっています。旧神学校は、博物館かと思いきや商店や喫茶店として多くの人々で賑わっていました。遺跡なのですが現役の店舗としてそのまま、使われています。夜は三日月。この場所で見るとトルコにいることをしみじみと感じます。

　ところで、トルコの若者（年配者も）は、男どおしで連んで遊ぶ人が珍しくありません。特別な趣味が無い人でも、腕を組んだり、肩を抱いたり普通にします。

派遣後6ヶ月が過ぎて、様々な状況が見えてきた

1　活動状況

　ギレスン滞在中は、事務所にて、現地活動の報告書作成や次回の活動に向けた打ち合わせ、連絡調整や資料作成の準備などをしている。チャモルック滞在中は、支所の職員（エルカン氏、コルジャン氏）と打ち合わせをした上で現地巡回をしている。合計7週間（35日間）の現地活動の結果、いちごのハウス栽培やインゲン豆栽培に関する問題点が分かってきた。

　チャモルック郡は、湿潤な黒海沿岸とは全く異なる乾燥した気候であり、年間を通じて一日の気温差が大きく、夏期も夜間は冷涼である。また、沢や小河川を利用した灌漑が整備されている。こうした環境を利用して、インゲン豆が約30ha栽培され、地域の特産物になっている。

　いちごのハウス栽培は、昨年度から135m^{2}の小型ビニールハウスを3戸に設置して栽培に取り組んできた。現在、農家には、2年連続栽培法を勧めている。これは、1年目の春に苗を植え、1年目の初夏は花芽を摘み、苗を生長させ、夏から秋にかけて収穫する。ハウスの中で越冬させた後、2年目は春から秋まで長期間収穫を行い、収穫終了後に抜き取る。そして翌春に再び新たな苗を植え付ける。という長期間収穫を狙った技術である。

　ギレスンの隣県にある国立オルドゥー大学農学部の教授が提唱している（口絵の栽培資料を参照）。しかし、夏期の日中はハウス内の温度が35〜40℃となり、開花、結実障害を含む生育障害が発生している。また、冬季の低温対策として、昨年度に内張を設置したが、ハウス内が過湿となり、そのハウスのいちごは、全滅した。現在の問題点は、以下の3点である。

　①夏期の高温対策（遮光シートの被覆）

　②二年連続栽培に合わせた管理（植え穴当たりの株数制限、雑草防除や下葉摘みの徹底、収穫後期の摘花・摘葉）

③越冬対策。

インゲン豆は、5月から6月上旬の湿害による発芽不良や初期生育不良、イチビ等の新たな雑草による生育阻害が問題となっている。本年は発芽不良によりグジェル村の農家のほとんどが収穫出来なくなった。また、ウスジャ村のドゥスン氏は、イチビの被害により、畑の6割が収穫出来なくなった。9月に良好に生育した畑にて行った調査では、1デカール（1000m²）当たり、300kgの収量が確認できた。農家からの聞き取り結果は平均100kgなので、上記の問題を解決することで大幅な収量向上が出来る。

これから以下の内容に試験的に取り組むつもりである。
①播種前に2週間の間隔を開けて2回耕転し、雑草の種子を発芽させて鋤込む。
②ほ場内の灌水用水路の末端をほ場外まで延長し、排水機能を加える。

2　職場の状況

配属先のギレスン農業食糧畜産局では9月下旬に人事異動があった。チャモルック支所では、支所長のエルカン氏が転出したが後任者はおらず、支所は3名から2名（農業技師のコルジャン氏、獣医のメトメット氏）体制に変わった。コルジャン氏はペーパードライバーのため、運転をしない。このため、チャモルック郡事務所の運転手（カドゥール氏）を手配し、現地へ行くこととなった。

7月から9月にかけて各職員は長期休暇を取得した。ハイダル部長は2週間の休暇を取り、アンタリアへ家族旅行した後、県内の実家にてさらに1週間を過ごした。兼業農家のマリック氏は8月中旬から9月下旬まで休暇を取り、実家にてヘーゼルナッツの収穫作業を行った。この2ヶ月間は、常時半分程度の職員しか出勤せず、職場は半休業状態になった。

3　人々との交流

　ギレスンでは職員との交流は、仕事時間内の立ち話程度に限られているが、チャモルックでは、職員と行動を共にしているため、仕事上のことや個人的な関心事など様々なことを話し合う。エルカン氏、コルジャン氏との会話は、7割は英語、3割くらいがトルコ語である。また、農家ともトルコ語で簡単な会話を交わしている。宿泊先の学生寮の職員や街の店員やチャイを飲んでいるおじさん達ともしばし会話を交わす。

　ギレスンの自宅では、同じアパートの子供達とボール遊びを時々、一緒にする。また、6月に旅行で知り合ったアルトビン県、シャブシャット市のファチフさんを9月に再訪し、自宅に泊めていただいた。トルコの人達は、ほぼ全員、日本人のことが好きである。日本が古い歴史を持ち、アメリカ、ヨーロッパや中東と異なる文化を持ち、破壊尽くされた戦争から復活したことを尊敬している。物事をまじめにきちんとこなすのが日本人の良さと評価している。ただ、残念なことにトルコ人がアメリカと共にあまり好ましく思っていない中国との区別が曖昧な人が多い。

3　ジョージア旅行から一時帰国まで
2015.10.20 ～ 2016.2.27

ジョージア旅行

　青年海外協力隊やシニア海外ボランティアーなどのJICAボランティアーは、年間15日間以内の任国外旅行が認められている。任国外旅行とは、活動している国以外の国へ特別休暇として出かけることである。この制度を使って、日本に帰国することも可能である。私は、1年目の任国外旅行先にトルコの隣国であるジョージア（旧グルジア）を選んだ。

　その理由は、以下の4点である。

①ギレスンと同様に黒海沿岸に位置する。バスでわずか6時間で入国できる。

②ロシアとの国境にヨーロッパ地域で最も高い南コーカサス山脈がそびえ立ち、自然がとても豊か。

③キリスト教の国なので豚肉が食べられる。飲酒も自由。

④旧ソビエトの国であり、見たこと無い仕組みや文化に出会えそう。

　ジョージア旅行は、新たな世界を知る上で忘れられない経験になった。同時にトルコの社会を隣国から客観的に見る貴重な機会にもなった。

10.20　予約したホテルがない

　2週間の休暇をもらい、ギレスンから6時間バスに揺られて、隣国のジョージアに来ました。国境では、多くのトラックやバスが検

査の行列を作っており、ジョージアに入っても、トルコの車が当たり前のように走っています。

　入国税を払うことも無く、順調に入国できましたが、その後、ちょっとトラブルが続きました。国境を越えるバスに乗ったのですが、ジョージア側ではバスにおいて行かれてしまい、仕方なく、超満員のミニバスに乗って、目的地まで行くこととなりました。

　目的地では、予約したホテルを誰一人知らず、たまたま知り合った人にホテルへ電話をしてもらいましたが、応答はありません。あちこち歩き回り、真っ暗になってしまったので、やむなく別のホテルに泊まることにしました。ホテルの住所が一般住宅になっていることがわかった時には、さすがに覚悟を決めました。20 名以上の人達に世話になり、ちょっとしたホテル捜索になってしまいました。

　さすがにここは、国境近くの街なので、トルコ語や英語を分かる人がけっこういるので、とても心強いです。一人に尋ねると次々と他の人に尋ねてくれました。本当に親切で暖かい人達です。

　国境を越えるバスが客を待たずに行ってしまう理由は、国境通過にかかる時間が、国籍や持ち物によって異なることと、国境からバスの終点まで 10km 位しか無く、急ぐ人は先に出発するジョージアのミニバスに乗ってしまうなど、互いに当てにならないからのようです。きっちり人数確認をして、来ない人は乗務員が周囲を捜索するトルコとは全く違います。

　今回は、宿泊したホテルの人にジョージア国内で使える SIM カードの購入を手伝ってもらいました。これはとても助かりました。

■■■

10.21

　今日は、ホテルの経営者の BAJA さんにバトゥミ（BATUM）のバスターミナルまで送ってもらい、旅が始まりました。バトゥミから途中のズグディディ（ZUGDIDI）まで、ミニバスで 2 時間。そこでバスを乗り換え、山道をぐいぐい登り、さらに 5 時間。合計 7 時間

のバス旅の末に高原のリゾート地、メスティア（mestia）に到着しました。

　途中、路上に岩が崩落している所もあり、安易な旅ではありませんでしたが、オーストリア人で2年間の世界旅行をしているDAVIDさんと知り合い、日本に戻って来たかと勘違いするような見事な紅葉も堪能できました。ジョージアは、日本に負けないくらい森林に恵まれた美しい国です。

　少し遅くなった夕食は、メスティア（mestia）の役場広場に面しているレストランでジョージア料理を味わいました。ボリュームたっぷりで22ラリ：Lari（約1200円）です。お酒も各種ふんだんにありましたが、今日は、雑貨店でビール買い、泊まっているゲストハウスで飲むことにしました。ここは、キリスト教の国なので、酒はどこでも売っていますし、豚肉も食べられます。明日の朝、周囲がどんな景色なのか、とても楽しみです。

　夕食のスープはキノコでした。ここは、日本の同様に相当多様なキノコを食べるようです。ギレスンとは違う感じの湿り気（日本の北海道とかなり近い雰囲気）があり、とても居心地が良いです。

10.22　メスティアにて

　メスティア（mestia）で迎えた朝、期待どおりの素晴らしい景色が広がっていました。街の標高は1500mですが、間近に迫る山々は、いずれも標高が4000mから5000mもあります。2時間ほど山道を登り、2200mほどの丘に立つと、そこは南コーカサス山脈の大パノラマでした。夏は登山とトレックキング、冬はスキーリゾートになるので、町並みはとても綺麗です。

10.23

　昨日、登った丘と反対側（南）の丘の上にあるHatsualiスキー場

へ行きました。途中、シーズン前のリフト整備をする人の車に拾われました。程なくしてポーランドから来た2人（アンジェイさん、クラウディアさん）も同様に拾われ、一緒に標高約2500mのスキー場の最高点の眺望を満喫しました。

　そして、3人であれこれ話しながら、2時間半かけて下山。ポーランド人とジョージア人は、ソビエトやロシアから迫害や支配を受けた同じ歴史を共有する国民としてとても親密なこと。しかし、互いに会話は、共に理解しているロシア語でせざるを得ないことなど、歴史の悲哀を考えさせられる話もしました。日本人としては、日本と韓国と中国の関係を思い出しました。

　メスティアに戻ると庁舎前広場で子供達の民族芸能の発表会が行われていました。そのレベルはプロ並み、ジョージア人の芸術性の高さと共に過去の歴史から英才教育が徹底されていることも感じました。

10.25

　おとといの夕食は、地元の家庭料理をゲストハウスで食べました。ここでは赤いビート（砂糖大根）サラダを食べます。甘さが程良く、

とても美味しいです。

　昨日は、ジョージア中央部のクタイシ（Kutaisi）で過ごしました。ここには、川の両側の公園を結ぶ定員5人位のとても可愛いロープウェイがあります。乗務員のおじさんも可愛かったです。

　宿泊したホテルでは、ブルガリアから来たご夫婦と知り合いました。ロシア語をすっかり忘れてしまい、今回の旅行は大変だ！と嘆いていました。ここも東欧なので地域内からの観光客が多いです。航空費が1万円くらいでとても安いそうです。

　クタイシ（Kutaisi）から首都のティビリシ（Tbilisi）までは、列車の旅をしました。240kmを5時間半かけてゆっくりと走ります。2等車に乗ったのですが、料金は8ラリ（約500円）、3等ですとこの半額です。空間が広いので、バスに比べてとても楽でした。でも本数が少なく、時間もかかるので、便利なバスとの競争力は、無い気がします。石油などの貨物の大量輸送が鉄道の主な役割という気がしました。

10.27

　ジョージアでは、日本との関係を思わせるものが多く見られます。首都ティビリシ（Tbilisi）の大きなロータリーの地下には、個人商店がぎっしりと連なっています。上野駅の地下街を思い出しました。そして、その一画には、ハローキティーちゃんの綿菓子売り（cotton candyと書いてあります）がいました。日本車も頻繁に見かけます。スバルのフォレスターは人気車種のようで、たくさん走っていました。トルコに比べて格段に日本車が多く走っているのですが、その半分以上が右ハンドルです。おそらく、日本から中古車を輸入しているのでしょう。どの日本車もベンツ、ワーゲン、オペルやプジョーよりも、ピカピカで新車にしか見えません。

　一方で、地方の町に行くとスーパーは無く、個人商店だけです。夕方には、全ての店が閉まります。日本やトルコと異なる部分も多

くあります。

10.28

　ジョージアの東部、アゼルバイジャンとの国境地帯に来ています。小雨が降る中、ラゴデヒ（Lagodekhi）からタクシーで隣の村であるマツミ（Matsimi）へ行き、古城までのハイキングをしました。

　ここは、マツミを治めていた皇族が避暑に使っていた城だそうです。大木と苔に覆われ、まるで宮崎駿のアニメ映画「天空の城ラピュタ」の中に紛れ込んだような錯覚にとらわれました。

　片道4.5kmほどの山道の後半は、国境の散策でした。小さな川の対岸の紅葉の山々は、隣国アゼルバイジャンです。途中、山中で国境警備隊の兵士に突然出会い、パスポートの提示を求められました。そのすぐ後で、今度は、山中に潜んでいる別の兵士から大きな声で道順を教えてもらい、迷わずに目的地へ着くことが出来ました。

　ラゴデヒに戻ると不思議な光景に出会いました。4日続いた雨があがり、夕日が差し込むとすぐ目の前から、雲が立ち上がりました。日本では山の上でしか見かけない現象です。

　雑貨店の前のバケツにビニール袋に入れて並べてある、トウモロコシをビニールの切れ目から、時々ついばんでいる鶏たち。でも、ついばんでいる鶏も売っている様子。聞くことは出来ませでしたが、真実を知りたい光景でした。

10.29

　ラゴデヒ（Lagodekhi）滞在3日目の朝は、はじめて視界が開けて、目の前に雪を抱いた山々が見えました。標高約3000mの山々は、ロシアとの国境です。

　宿泊しているゲストハウスは、一般家庭の住居の一室に泊まる形態なので、一般の人々の生活が良くわかります。泊まっている家の

子供は、かなりのチャット狂の様子で夕食も忘れてチャットをしており、母親から時折、罵声が上がります。

　町外れに保全管理区域のビジターセンターがあり、ハイキングや登山コースの状況を教えてくれました。視界が開けるところまで行きたいと思い、登山道を登り始めましたが、再び雲が垂れ込め、天気が悪化してきたので、途中で下山しました。

　昼食は、この街で1軒しか無いレストランにて、米入りのビーフスープとサラダ、そして地場産ワインをとりました。ワインは、清涼飲料水のペットボトルに入れて街の中のあちこちで売られており、この店では1リットル3 lari（約180円）で出してくれました。この一帯は、ジョージアでは有名なワインの産地なので、味は最高です。

10.31

　今回の任国外旅行は、ジョージアの美しい自然に魅せられてしまい、最後の目的地もロシア国境の山々を見渡せるオニ（ONI）にしました。バスが、一日に数便しか通わない山村であり、ホテルは一軒ありますが、レストランはありません。私は、マシュルートゥカ（ミニバス）の運転手に紹介してもらい、民泊をさせてもらいました。といっても、一泊20 ラリ：LARI（約1200円）を支払う部屋借りです。

　日中は天気が悪かったのですが、早朝のみ素晴らしい山々を拝むことが出来ました。雨とほんの一瞬の晴れ間が繰り返す天気の中、不思議な光景を目にしました。谷間に降って来る虹です。本当に美

しかったです。

　ジョージアは家畜がとても自由な国です。農村だけで無く、大きな都市でも、道路や空き地を牛、豚が歩き回っています。ですから畑は、きちんと柵をして家畜の侵入を防いでいます。豚は、夕方になるときちんと自分の家に帰り、餌をもらいます。トルコでは、絶対に無い光景なので初めは、不思議で仕方ありませんでした。今は、自然に見られます。

11.2　バトゥミにて

　ジョージア滞在の最終日は、トルコのすぐ隣の都市であるバトゥミ（Batum）まで、バスを乗り継ぎ 6 時間かけて移動しました。トルコと異なり、大型バスはほとんど走っていないので、この程度の移動でも結構、身体のあちこちが痛くなります。旅行中、合計 50 時間近くバスに乗ったので、我ながら良く頑張ったと思います。

　バトゥーミは、ジョージアでは、とても特別な都市です。この地域は特別自治区になっており、街も人々もとても開放的で外国人も多く、英語も主な場所では通じます。トルコ語を話せる人も多く、私が話せる全ての言葉がほとんど通じなかった、他の地区とはまるで別の国のようです。山の上の教会へ通じているロープウェイでは、アメリカやタイから来た人と出会い、久しぶりにタイ語で話しをしました。タイからは、ジョージアと日本へ行く旅費がほぼ同額だそうです。日本には何回か行き、とても気に入っているが、今回は 60 人の団体でここへ来たと話していました。日本と同じように自然が豊かで美しく、人々が礼儀正しいと、まるで私の代弁者のような感想を語っていました。

　市内で誰でも利用できる無料の貸し自転車もありました。私が見てきた限りでは、ここは黒海沿岸で最も整備された観光都市です。

　ジョージアは、一部の都市を除き、インフラが十分に整備されておらず、人々の生活も決して豊かではありません。しかし、豊かな

自然を100年前から自然公園の制度のもと、主体的に守っています。清掃や挨拶などが農村でも都市でも、かなりしっかりされています。また、農地の整備や家畜の飼養環境などの農業生産基盤をソビエト時代に整備したため、経済状況に比べてかなり整っています。さらにバトゥミのような先進的な都市があることを考慮すると、トルコなどの周辺の大国とは、異なる方向への発展の可能性を感じました。旅を通じて少しづつ読めるようになったジョージア語の不思議な文字をきちんと学びたいとも思いました。まあ、その前にトルコ語習得が先ですが。

再び、活動再開

11.7

　しばらく、ギレスンを離れて戻ってくると、改めてヘーゼルナッツ（fındık）に囲まれた街であることに気づきます。山々の樹高の低い木は、全てヘーゼルナッツです。この景色が東西150km、南北30〜50kmも続きます。

　収穫期の8月から9月には、都会へ出て行った家族が戻り、一族総出でヘーゼルナッツの収穫、乾燥、脱粒作業を行います。1ヶ月以上の休暇が当たり前にとれる国なので、今のところは目立った耕作放棄地は無く、維持しています。直接所得補償もあります。今年の価格はやや下がりましたが、生産者価格が1kgあたり600円から800円と高く、10a当たり6万円から8万円くらいの収入になるので、兼業農家の平均的な栽培面積の1haで、60万円から80万円（サラリーマンの給与の6ヶ月分くらい）になります。枝切り、草刈りと調整作業しか機械を使わないので、所得率は60％はあると思います。栽培農家の8割以上はこうした兼業農家です。皆、収入源というよりも自分で収穫したナッツを都会へ持って行き、家族や友達に楽しく食べることを最大の喜びにしています。しかし、都会で生ま

れて育った孫世代になると、こうした思い入れがあるとは思えないので、今の仕組みが維持出来るかどうかは、わかりません。

11.10

　昨日（9日）から5週間ぶりにチャモルックを訪れています。街は、すっかり秋を通り越して、冬のたたずまいです。到着後、さっそく、農業委員会のアリ氏とチャモルック農業フォーラム（仮称）のプランについて、話し合いました。来年の夏に開催することを目指して、今後、チャモルック郡の行政管理者（kaymakan）と調整していく予定です。

　チャモルックの2日目は、トルコ共和国建国の父「アタトゥルク」の逝去77年周年の記念式典で始まりました。チャモルック郡の行政管理者（kaymakan）も出席されました。

　活動内容は、いちごハウスの栽培状況確認と次年度以降の栽培拡大に向けた育苗ほ場の設置。インゲン豆の収穫調査結果の農業者への説明。昨日と同様に農業フォーラムの素案についての説明も行いました。

　チャモルック滞在中は、中等学校の寮にてコーラン（イスラム教の聖典）を学んでいる子供達と一緒に朝食、夕食を食べて、暮らしています。人なつっこくて可愛い子供達です。

11.11

　すっかり冬になったような氷雨が降る中、ウスジャ村にただ一つ

の喫茶店（チャイしかありませんが）を訪れました。そして、集まっていた農業者15人に来年、実施を計画している農業フォーラムの企画案や他県の先進的な農産物直売の事例について、チャモルック支所の職員や内容を理解した地元の若手農業者を通じて、説明しました。

　直売については、写真や販売している農産加工品を示して話したため、ほぼ全員が関心を示しました。「自分達の村にもこの位の素材はある」と主張する人がいる一方で、「こうした役に立つ情報を得る機会があまりなかった」と訴える人もいました。

　今後、この直売所を訪ねる視察研修を実施し、研修に参加した農業者を核として農業フォーラムの準備を進め、実現に向けていきたいと思います。

　イチゴハウスには、温度記録計（おんどとり）を設置し、無加温（暖房施設の無い）ハウス内の温度変化を観測しています。今期の収穫は１０月で終了し、来年５月中旬からの収穫に向けて、イチゴの株を維持していきます。

11.12

　標高1600mのプナルル村へ行き、イチゴハウスの温度管理の確認と共に、昨日と同様に農産物直売の先進事例の紹介と農業フォーラムの素案を農家に説明しました。

　村のすぐ上の山は雪で真っ白ですが、農家は薪ストーブでポカポカでした。話が盛り上がっている内に農家のおかあさんが昼食を作ってくださり、ごちそうになりました。

　その中にアシュレ（Aşure）がありました。様々な穀類、豆、ナッツや乾燥果物が入ったかゆ状のスウィーツです。とても濃厚で元気が溢れてくる甘さでした。なんでも、ユダヤからの難民がノアの方舟でトルコに逃れたときに、滋養のあるもの全てを含んだ、このかゆを食べて生き延びたという言い伝えがあるそうです。（口絵写真「8.

甘味料理（アシュレ）を賞味」）

11.13

　5日ぶりに内陸の標高1000mのチャモルックから黒海沿岸、標高0mのギレスンに戻りました。朝、宿舎で山の雪を見ながら出発し、途中の標高2200mの峠は、白銀の世界でした。そして、ギレスンに到着すると、小雨にもかかわらず、びっくりするような暖かさ。

　ちょうど礼拝の時刻になり、モスクの外は、中に入りきれない人波で一杯でした。ちなみに今日（金曜日）の午後初めの礼拝は、一週間の中で最も重要であり、ギレスンの職場では、ほとんどの職員が礼拝に出かけます。（口絵写真「10. 金曜日の午後の礼拝」）

11.15　トカット県、農業展示会

　ギレスンから300kmほど離れたトカット県の農業展示会に来ました。日本の農協が各地で開催する農業機械の展示会と似ており、各メーカーのトラクターや作業機が展示され、集まった農家と販売交渉をしていました。

　トカットは小麦、野菜、果樹、ビートなど農業がとても盛んな場所なので、25馬力（国産メーカで約330万円）の小型から75馬力（国産で約1000万円）を越える大型まで様々なトラクターが展示販売されていました。歩行型の耕耘機については、日本のホンダの製品も展示されており、日本と同様に家庭菜園の需要が増えていることが分かりました。

　県内をサービスエリアとして種苗や農業資材の販売と共に技術指導サービスも行っている農業協同組合の職員と話し、この国の普及指導（農業技術指導）が民間サービスに移行していることを改めて知りました。ギレスン県内には、個別に指導をしている農業資材店

はありますが、こうした組織的なものは、ヘーゼルナッツ協同組合以外には、無いので残念です。

　また、トカットの食料農業畜産局では、地域の農業に関わっている農業教育を受けた人材を役所、関連業種従事者、農家全体で把握しようとしており、こうした人材のネットワークを近い将来、築くことが出来れば、新たな形で全農業者を対象とした普及活動が再開できる可能性も感じました。

11.18　黒海地域機関の成果発表会

　ジョージアとの国境の町にて開催された、東部黒海地域の農業関係機関（各試験研究機関および各県の食料農業畜産局）の実績発表会に参加しました。

　ギレスン食糧農業畜産局からは、2015年度の行政報告と共にSV（JICAシニアボランティアー）の活動状況を発表しました。ギレスンSVチームの児玉さんがスライドを見せながら、トルコ語で発表すると、約70人の参加者は皆、真剣に聴いていました。

　ギレスンに専門分野を持つ日本人のボランティアー達が配属されていること、継続して地域を活性化するための活動を行っていること、などについて広く伝えられました。来年のこの会議では、ぜひ活動成果を発表したいと思います。

　会議が行われたトルコとジョージアの国境の町（ケマルパシャ）には、100軒以上の衣料品店が並んでいます。ここは、ジョージア人が国境を越えて買い出しに来るための街です。店の表記はジョージア語、通貨はラリ（ジョージアの通貨）が基本。店員はトルコ語も話しますが、ほとんどジョージア人です。たまたま、トルコ語を話す客が大勢いると思ったら、ジョージアの隣のアゼルバイジャンからバスで来た人達でした。アゼルバイジャン語はトルコ語と大部分が同じです。国境付近は、とても刺激的です

11.28　秋の味覚

　晩秋の KARADENIZ（黒海）地域の味覚は、なんといっても HAMSI（いわし）です。そして、内陸部では気候を活かした KURU　MEYVE（乾燥果実）や KURU　SEBZE（乾燥野菜）、さらには日本でも冬至の食材である KURU　KABAK（かぼちゃ）。紅茶、緑茶は同じ黒海沿岸の RISE（リゼ）が特産地です。トルコのインスタント麺も多彩になってきました。ニッシン食品の提携企業（トルコ）がマカロニ風、インドネシアからの輸入品がアジア風（インドネシア風味の中華味）です。

- -

12.3

　私達のギレスンの活動が協力隊の機関誌（クロスロード）に掲載されました。思うように行かないことが多い実情ですが、こうして世の中に紹介されると、とても元気づけられます。まだ、活動は約2/3 も残っていますので、再登場できるように、毎日を大切に過ごしたいと思います。

　今日は、ギレスンのとなりのケシャップの食料農業畜産局支局から若い職員が大勢、訪れ、賑やかなひとときを過ごしました。

　日本では、政情不安な国としてトルコがメディアに出ているようですが、ギレスンはとても平和です。トルコと日本の合作映画（海難）は、トルコでは 12 月 23 日から公開されます。

　寒くなってからは、出張の頻度が減ったので現場へ行くことが減り、やや持てあまし気味です。毎日の自炊と週末のジョギングとボランティア活動（ゴミ拾い）、週に二回の夜間のギレスン大学でのトルコ語の授業と予習・復習などで生活を整えている感じです。

- -

12.8

一ヶ月ぶりにチャモルックに来ました。途中の標高2200m峠は、雪道でしたが、チャモルックの街には若干の残雪がある程度で、活動には支障はありません。さっそく、事務所のアルバイトの人達にいんげん豆の地理的認証制度の申請に必要な商標（マーク）について、私達SV（シニアボランティアー）が作成した候補を見せて、意見を伺いました。

12.9

グジェル村のユクセルさんのハウスでは、夏イチゴの2年目の収穫（同じ苗での連続栽培）に向けて、いちごの株を切り下げ、冬越しに備えました。厳冬期にはハウス内が-10℃以下になる見込みです。今回も11月に続き、一日の温度変化を測定していきます。

白いんげん豆の認証マーク案について、今日も地域の農業者に意見を聞きました。こちらで作った複数の案を比べるよりも、むしろ構図の変更など、各自の持論を唱える方が多く、たいへん盛り上がりました。

12.10

標高1500mのプナル村は、多くの残雪があり、肌を刺すような寒さです。しかし、ビニールハウス内は暖かく、しかもとても湿っています。夜間は-10℃くらいまで下がりますが、日中の密封したハウス内は30℃近くまで上がり、まるで発酵槽のようです。

ハウスの中に入ると酸味がかった臭いが漂っていました。いちごの下葉と寒さで傷んだ葉で発酵が始まっています。至急、傷んだ葉を取り除くように農家に指導しました。無加温のハウス内の環境は、予想以上に過酷です。

嬉しいこともありました。ほとんどいちごを放置状態にしていたバイランさんがハウスを修理して、新たにいちごを定植しました。露地にも定植して作付けを増やしました。毎回、繰り返し訪問し、いちご栽培の再開を話し続けてきた甲斐がありました。

　トルコにも粘り勝ちという言葉があるのかな。一生懸命にやる姿が農家を動かしたならば、とても嬉しいです。トルコの職員は、冬の怖さも知っているので本当に無理をしません。でもそれを言い訳にして、２ヶ月や３ヶ月間も現場を見ないのは、正直、許せない。

12.11

　チャモルックからギレスンへの帰路には、標高1400mのアルジュラにてドルムシュ（トルコのミニバス）を乗り換える。ここはチャモルックとは、まるで別世界の氷に包まれた街です。背後にそびえる3000mを越えるギレスン山脈に抱かれた盆地です。

　峠から見下ろすと街全体を霜の雲が覆っていました。

　朝の９時でしたが、間違いなく氷点下でした。吐く息の色からすると氷点下５℃くらいでした。

トルコの農産物流通について

　丸大根は、トルコ語ではトゥルプ（TURP）といいます。白、赤、黒の３色があります。カブにそっくりの形でカブのような食感のものも混じります。でも基本的には、大根です。やはりよく似たビート（砂糖大根）も食べます。今日は、初めて黒いものを買いました。夕食の大根おろしと鍋が楽しみです。

　ところで、トルコのオーガニック（organik ＝有機農産物）は、ほとんどがご近所認証です。ご近所認証とは、公的機関や団体等の設けた基準に基づき、認証したもので無く、生産者と販売者と消費者が互いに信用し、納得して行っている仕組みの俗称です。少なくて

もギレスンでは、一定の機関が認定した有機農産物は、大手スーパ
の中でしか見られません。そもそも、この地域の農家には、除草剤
以外の農薬を施用するという発想がありません。農薬を使うのは、
収穫が皆無になるような危機的状況の時のみでその時は、出荷する
ものもほとんど無くなります。ですから化学肥料を使わなければ、
organik（有機栽培）だと説明します。残念ながらこのことを知った
のは、2年目の夏でした。

　また、トルコでは、農産物の品質管理は、とても緩いです。農産
物の多くは、袋や箱に積み込んで流通されます。店で販売する時も
山積みです。ですから、丈夫で日持ちの良いことが農産物流通の基
本になります。さらに、スーパーでは傷み始めたものでもなかなか
棚から降ろさない。新鮮なものと、やや傷み始めたものが混在となっ
て販売されています。ですから消費者は、ひとつひとつ良いものを
選んで購入します。

　一方、週に一度、曜日を定めて各街にて開催される市（パザール）
には、地元の農家が昔から継承してきた日持ちはしないが、新鮮で
おいしい農産物を持参し、直売します。価格は、スーパーに比べて
やや高めなのですが、根強い人気があり、多くの消費者が購入します。

12.20

　ひさしぶりに近くのレストラン（トルコではちょっと高級なチェー
ンレストランの MADO）で朝食セット（KAHVALTI：カフェバルト）
を食べました。

　トルコの人達にとって朝食は、一日で一番大切な食事です。です
から、多くの食堂（ロカンタ）は朝早くから開いています。レスト
ランも9時前には開いています

　店内は、すっかりクリスマス模様？いいえ、新年のお祝いの飾り
です。

　ここはイスラム国家なので、クリスマスはありません。でもしっ

かりサンタクロースもいる？どこの国でも商魂は、逞しい。

　昨日は、近くの映画館でスターウォーズを見ました。そして来週は、トルコと日本の合作映画（エルトゥール：日本名は海難）がロードショーです。

12.23

　トルコのアパートや事務所は、皆、建物内に大きなボイラーがあり、そこから配管を通じてスチームを各部屋に流して、暖房しています。ですから、外がどんなに寒くても室内は、快適です。

　チャモルックにて村に出かけて、イチゴハウスの確認をして事務所に帰ってきたら、郡庁舎の方に「こっちへ来い！」と声をかけられました。

　行った先は、庁舎のボイラー室と庁舎の裏の農家でした。ボイラーの燃料は、コークスと木材チップです。日本でも普及を進めている木材チップにここで出会えるとは思いませんでした。

　農家は一階部分が畜舎になっており、乳牛の親子と鶏が10羽ほどいました。ほんのまねごと程度でしたが、搾乳したり、畜舎の清掃したり、隣接した製粉場を見たりと思いもかけずに、楽しいひとときを過ごしました。

　ところで、水曜日深夜にイスタンブールのサビハ・ギョクチェン空港で、ペガサスエアーの機内清掃中に爆発が起こったそうです。テロかどうかも含めて原因は未だ不明とのこと。

　これを受けて、サビハ・ギョクチェン、アタチュルク両空港ともセキュリティの警戒レベルを上げる事にしたそうです。年末にトルコへやって来る子ども達の入国に時間が掛かるかもしれません。

　時間に余裕を持たないと移動が難しそうです。

12.26　ドルムシュの旅

　峠道が凍結する冬季は、ノーマルタイヤしか履かない公用車は、内陸部へ行かなくなります。このため、チャモルックとギレスンの間は、大型のワゴン車（ほとんどフォルクスワーゲン）を利用したミニバス（ドルムシュといいます）を乗り継ぎ、4時間かけて移動します。

　このローカルバスの旅が、最近とても楽しみになりました。なぜならば、想定外の様々なことが起こるからです。その期待に応えるべく、昨日の旅では、鶏の乗車がありました。乗車時こそ、コッコ！と鳴いていましたが、あとはおじさんと共に静かに旅を楽しんでいました。峠の手前では、チャイ休憩！素晴らしい景色を堪能しながら飲むチャイは最高です。しかもチャイの代金はバス会社が払うので、乗客は無料です。

　さて、今日は、映画館でエルツールル（日本名、海難）を鑑賞しました。見事に吹き替えされており、潮岬の漁師達が私には、所々しか聞き取れない流ちょうなトルコ語を話していました。後半が大幅にカットされていて、ちょっと残念でした。

12.28　子供達がやって来た

　子供達（次女の遥と四男の隆行）が冬休みを使って、トルコにやってきました。12時間のフライトの疲れを感じさせない元気な様子に安心しました。今日はイスタンブールにてピデ、ボレキ、ケバブというトルコの代表的な料理を食べさせました。もちろん、アイランとチャイも一緒です。遥は、豊富な野菜や果物に大喜びでした。明後日には、いよいよ、ギレスンに向かいフライトです。

12.29

Benin cocuklarla Sultanahmet Camiye gittik.

　子供達とイスタンブールの交通機関を駆使して、アジア側とヨーロッパ側のあちこちを旅しました。スルタンアホメット寺院（通称ブルーモスク）では、壮大なモザイク模様のタイルに感動しました。また、近くでランプ店を営むエミンさんと知り合い、日本との20年間にも及ぶ交流を通じた、様々な話を堪能な日本語で、聞かせていただきました。ボスポラス海峡を自由に行き来するカモメのように、日本人がトルコのことをもっと自由に見聞して、相互理解を深めることを強く望みます。

遥のフェイスブックより

　トルコ二日目…

　世界遺産、スルタン アホメットジャミと地下宮殿を観光しました。

　今から何千年も前にこれだけのものを作ってしまう人間のチカラと建物の美しさにただただ驚きました。

　もう一つ驚いたことはトルコのトイレは有料（約40円）であること。日本のように無料でトイレが利用できるのは珍しいようですね。

　トルコの人は困ってる人がいると声を掛け助けてバスでは子供連れやお年寄りに次々と席を譲ります。行動力の速さと優しさを見習いたいです。

　昨日まではトルコ語を喋ることが照れくさくなかなか声に出すことができませんでしたが今日は「ありがとう」「お腹いっぱい」など簡単なトルコ語を使うことが出来て嬉しかった。

　たくさんの方と出会い、素敵な時を過ごしました。Teşekkür（ありがとう）

12.30

ギレスンに来た子供達は、様々な人達と会い、貴重な経験をしました。

派遣先の食料農業畜産局を訪れ、職員からの歓迎を受け、所内にあるチャイ店（cay çev）も訪ねました。トルコに来て以来、間があるたびにチャイを飲ましてきましたが、トルコの人にとって、いかにチャイが重要かを理解した様子でした。

髪が伸びていた隆行は、自宅の隣の理容店に行き、トルコ流にカットしてもらいました。

カットのみ、洗髪込み、洗髪とひげ剃り込み、の３段階の価格があります。ちなみに洗髪込みは 15TL（約 600 円です）

そして、夕方は、ギレスン在住の日本人が揃ってレストランで食事。

外は、みぞれの悪天候でしたが、心と体は温まりました。夜になって積雪がどんどん増え続けています。

12.31　ギレスンの大雪

Kar yağıyon zamanda, çocuklarla çamoluğa gittik.

　大雪の中、子供達を連れて、ギレスンから標高 2200m の峠を越えて、190km 離れたチャモルックまでバスとタクシーを使い、往復しました。峠は氷点下 20℃の極寒状態でしたが、内陸に入ると嘘のように雪は少なく、無事に支所の職員（コルジャン氏、メトメト氏）に会うことが出来ました。夜、ギレスンに戻ると若者達が年越しを祝っていました。等身大の雪だるま（kardan adam）に感激！

1.1

　大雪のギレスンを早朝に出発して、トルコ北東部のアルトビン県のシャブシャットを目指しました。しかし、道路状態は悪く、通常ならば 6 時間で到着するアルトビンまで 10 時間以上かかりました。結局、シャブシャットへ行く最終バスに間に合わず、宿泊する予定だったホテルの方に連絡すると、アルトビンの高原にあるホテルを紹介してくれました。これが大正解！　長旅に疲れた子供達も豪華な部屋とおいしい夕食に満足しました。明日の朝、ここからシャブシャットに向かいます。

　こちらに来るまで、トルコには大雪のイメージはありませんでした。しかし、黒海沿岸の東部や東北部の山岳地帯は、多くの雪が降ります。でも海岸沿いのギレスンの大雪は、珍しいということです。

1.2

　シャブシャット（şavşat）のファティフさん一家を訪ねました。ちょうど、今日は、長女のメルベさんの誕生日。

　親戚や友達が集まり、遥と隆行も一緒に楽しい時を過ごしました。

　外は、凍てつく寒さでしたが、お腹も心もポカポカになりました。子供達には、トルコ旅行で最高の思い出になりました。本当にありがとう。

1.3

　今日は一転して、最高の天気になりました。高原の街、シャブシャットでは、白銀の山々が目の前に広がりました。
　9時間の長旅の末、60cmもの雪に埋もれたギレスンに到着。凍てつく路面をたどって家に帰りました。子供達は、さっそく夕食の準備、今日はハムシ（鰯）の天丼。そして私の誕生祝いをしてくれました。
　2週間ほど早いお祝いです。忘れられない一日になりました。

隆行のフェイスブックより

1月4日

　昨日はギレスンまで9時間半かけて帰ってきてクタクタ！
　家に帰った後は最後の力を振り絞り、晩御飯の手伝いと父の57歳の誕生日パーティーをしました！今日は、イスタンブール、そして成田に向かって帰宅！
　長いようで短い旅行でしたが、数え切れないほどたくさんのことを学べました！
　外国の友達もできたし！日本でも頑張るぞ！

1.5　子供達が帰国

　子供達との8日間は、あっという間に過ぎようとしています。

　雪に埋もれたギレスンを後にして、オルドゥ・ギレスン空港からイスタンブールに移動しました。子供達を迎えに行くときに、郊外のサビハ、ギョクチェン空港から市内への移動方法を覚えたため、今日は市内バスとメトロバスを乗り継ぎ、スムーズに移動できました。土産を買って、夕食を食べ、ホテルで一休みして、まもなく日本への帰国を送ります。子供達を通じて、今まで知らなかったトルコに出会えた貴重な日々でした。

　派遣時には、トルコで一人で過ごす正月も覚悟していたので、子供達のおかげで楽しい日々を過ごすことが出来ました。子供達ほどでは無いですが、私も合計3400kmほど移動したので、疲れをとって明日からの日常に臨みます。

1.6　イスタンブール

　イスタンブールは、古い歴史のある街であるだけでなく、テーマパークのような様な楽しいところです。

　100年前から変わらない路面電車、140年前に開業した地下ケーブルカー（世界一短い延長504mの地下鉄）なども有名です。

　中世にタイムスリップしたと錯覚するようなグランパザール。

　全て世界的な文化財の価値があるものですが、今も変わらず、日常生活で利用されています。次回訪ねるのが楽しみです。

　トルコ国内では、グルド人の反政府運動者との紛争は続いていますが、一般の市民生活は極めて平和です。

1.8

日常生活に戻り、一人で食事。今日は初めての夕食体験を2つしました。

まず、魚のホイル焼き。鱒の切り身、3切れ分（500g）に塩を振り、アルミホイルで包み、フライパンで焼きました。しっかり焦げ目も付いて、絶品でした。

そして、白ワイン。トルコはイスラムの国で酒を飲まない訳なのですが、なぜか美味しいワインを大量に生産しています。ぶどうの大産地があるので当然のことではあります。一ヶ月に1，2回ビールを飲んできましたが、今回はワインを買いました。在庫があると飲み続けてしまいがちなので、要注意。

1週間前には、自宅の前に大量の雪があったのに、すでに全くありません。

1.9　トルコ人の食事事情

やはり、ワインを続けて飲んでしまった。でも1杯だけです。

今日は、炊き込みご飯に挑戦して大成功！白インゲン豆、ヘーゼルナッツ、そしてクルミが入っています。あまりに美味いので、明日の分を残しました。

この時期は、トルコもホウレンソウ（ispanak）が旬なので、大きな束を買って軽くゆでて、冷蔵保存してあります。今日は一部、ゆでずに卵と一緒に炒めました。

トルコ人は、ほとんど毎日、お米を食べます。ただし主食で無く、ピラフを中心とした油で炒めた料理やサルマという包みものの具として食べます。東南アジアから輸入する長粒種とともに国産の中粒種が売っています。

また、トルコは穀物、野菜、果実はほとんど何でもあります。でも家庭料理の主役は、インゲン豆のトマト風煮です。日本人がちょっ

と残念なのは、大豆がほとんど無いことくらいです。

　男性の内の半分くらいかな？と思っていますが、トルコ人は自宅でビールもワインもいっぱい飲みます。ラクという蒸留酒は、酒とは別枠になっていて、お祭りの時には驚くほど飲みます。イスラム化される前は、1000年近くの東ローマ帝国の本拠地ですし、遊牧民のDNAを持っていますから、酒はとてつもなく強い人達です。

1.13

　今日は、チャモルック市長（バシカン）とチャモルック行政管理官（カイマカン）とそれぞれと話し合いを行いました。

　その場でインゲン豆の地理的認証制度への申請を契機として、農業フォーラムを開催することを提案しました。

　市長は、すでに類似したイベントの開催を準備しており、9月15日に開催していくことが決定しました。カイマカンも同意し、最大限のサポートをすることを約束して下さいました。8ヶ月後のイベントに向けて、地域の農業者を巻き込み、具体的な内容を詰めて、準備を進めていきます。

1.14　貯水タンク

　今日は、地味な写真で迫ります。チャモルックのような小規模な野菜栽培地域では、灌水（水まき）に貯水タンクと灌水チューブを使うのが一般的です。日本ならばホースで水まきをしてしまう程度の規模でもこうした施設を整備します。畦単位で灌水を調整できるのでとて

も便利です。

　日本と異なり、夏場にはとても乾燥するため、これがないと栽培は難しくなります。水は用水路や河川から引いたり、ポンプでくみ上げたりしてタンクに貯めます。

　インゲン豆など、やや大きな面積を栽培時には、用水から畑へ直接、引き込んだり、ポンプで圧力をかけて、スプリンクラーから灌水します。

　連続栽培のいちご苗の状態を確認したところ、新たな根が多く出ており、今年の栽培も何とかなりそうな感触を得ました。ただし、秋には新たな株への更新が必要です。

- -

1.15

　今回の現場の活動が終わり、ギレスンに移動。

　今日は、昨日の雪がウソのような快晴！チャモルックの街の雪は消えていましたが、周囲の山も峠も深い雪に包まれていました。

　ギレスンまでの４時間の旅の途中の峠では、除雪車が大活躍。標高 2200m の峠にある格納庫に沢山の除雪機械が準備してあり、すぐに出動します。

　峠の直下の休憩場所では、素晴らしい景色とおいしいチャイを満喫しました。

- -

アンカラ出張＝大雪物語

1.21　　トラブゾン空港滞在物語

　今、JICA の安全対策会議のため、アンカラへ向けて移動中。

　会議の後、行われる予定のＳＶ（シニア海外ボランティアー）活動の中間発表に向けて、昨日まで準備を進めてきました。

　ところが、トラブゾン空港は、こんなに好天なのに、いつまで経っ

てもアンカラ行きの飛行機は飛びません！アンカラは大雪のようです。私達が搭乗する予定の飛行機は、まだ雪のアンカラ空港にいます。

　アンカラからトラブゾンに向けてのフライトが来ない限り、私達の未来は見えません。果たして、アンカラに行けるのか否か？

　まずは、腹ごなしをしよう！

（小澤調整員のメール）
　安全のために遅れてくれる飛行機ならまだ安心。焦らずに。
（私達の回答）そうですね。まずは、ゆっくり待ちます。
（小澤調整員のメール）
　ただただお疲れ様です ~~~ アンカラ市内は真っ白で視界ゼロです。
　無事ご到着されることをお祈りしております。
（私達の回答）
　ありがとうございます。まだアンカラからの飛行機は来ませんが、出発遅れが5時間半遅れから、伸びなくなりましたので、行けるかもしれません。

　この時は、児玉SVの発案で、トラブゾン空港にて山手線ゲーム（駅名を音楽に合わせて歌っていくもの）を行いました。これが大受け！

　待ち時間のゲームで、あれだけ盛り上がるとは、予想外でした。今日以上にチーム派遣で良かったと思うことは無いかも、と一同感じました。

　結局、7時間遅れてアンカラに到着しました。もちろん、会議には出席できませんでした。

1.22

　皆様にご心配をお掛けしましたが、昨日はトラブゾン空港を6時間半遅れで離陸し、夜のアンカラに到着しました。安全対策会議には、出席できませんでしたが、夕食会に合流しました。

　本日は、SV活動の中間発表会が無事に終わりました。チームギレスンの4人は、職場で3回行った練習成果を十分に発揮することが出来ました。

　日本に一時帰国する1ヶ月前に今までの活動内容を見つめ直すことが出来て、2年目の活動目標を明確にすることが出来ました。

　アンカラからギレスンへのフライトは、雪に包まれた村を見渡し、雲海に沈む夕日を見送りました。なんと贅沢な眺め！

1.23　再び大雪

　今年、二度目の大雪に見舞われているギレスンです。未明から降り始めた雪は、一日中、強弱を繰り返し降り続き、既に30cm。予報では明日まで続くようなので、また60cm越えか、はたまた新記録か！

　それを見越して、昨日、食糧と水を買い込んだ私は、野菜づくしの朝食を味わいました。3日くらいの雪ごもりには、対応出来ます。

　それにしても、ギレスンは海岸なので、あまり雪は積もらないという、事前情報が全く外れています。ロシアからの寒気はとても強力です。気象変動の一つの現象でしょうか？

　大雪が降って知ったのですが、ここでは主な道や広場には、除雪車がこまめに入るせいか、トルコの人は商店主以外は、職場や自宅の除雪をあまりしません。

1.25

一日中、黒海から断続的に黒い雲や白い雲がやってきて、雪が降り続きました。青い空、白い雲、黒い雲、緑がかった灰色の海、そして地上に広がる白い世界。見たことの無い不思議な光景でした。

朝、半分ほど雪に埋まっていた車は、夜には、ほぼ完全に雪の布団に包まれました。おやすみなさい！

こちらの大雪も東アジアの寒気も偏西風の蛇行がとても大きいのが、原因ですよね。地球はつながっていると実感します。

- -

1.26

朝、起きてアパートの窓から外を見ると、青い海に真っ白く浮き上がった岬が目に飛び込んできました。こんな美しいところに住んでいたのかと驚きました。

昼食後は、海沿いの歩道を散策！といっても、細々と続いているトレース（踏み跡）をたどる雪中行軍のような散歩です。

ラッセルをして、高さ 50cm くらいある雪の段差を乗り越えて、時速 100km 以上のスピードで車が往来する車道を横断するのは、ふだんは味わえないスリルがありました。

- -

1.30　トルコ語の学習

一週間の雪ごもりからようやく開放されてきたギレスンです。今、週に 2 回、夕方にギレスン大学の語学センターでトルコ語の授業を受けています。その教科書で見つけたネタを紹介します。

アレクサンダー、グラハム、ベルは電話を発明すると、まず恋人の *Allessandra Lolita Oswaldo* の家に電話線を引き、毎日、ラブコールをし続けました。その都度、名前を呼びかけるのですが、とにか

く長い。そこで、しだいに短縮されていった。まず、*Ale Loi Os* となり、ついに *ALO*（アロー）となった。

その後、電話はこの呼びかけの言葉と共に世界中に広がっていった。

今では世界の多くの国の人々がこの言葉で電話を呼びかけているが、その意味を知る人や由来に関心を持つ人はほとんどいない。

私にとっては、とても新鮮なネタでした。ベルがとても身近に感じられました。

トルコに赴任した時にアンカラの語学学校で 5 週間ほど勉強したのですが、消化不良で余り身につきませんでした。11 月から主に復習の勉強をしています。日常的には、トルコ語をあまり話せない人として扱われているので、仕事上は、英語が出来る人を介することが多く、トルコ語の様々な表現を必要としないのですが、その殻を破れるように頑張ります。そうでないといつまで経っても農家と直接、話が出来ません。

1.31 ギレスン ミューゼ

ギレスン滞在、9 ヶ月目にして初めてギレスン博物館（ミューゼ:Muze）に行きました。

東ローマ時代の教会（後にモスクとして使用）に時代ごとの調度品、通貨や武器が展示されていました。

トルコの博物館に行くと、いつも驚かされるのは、展示品の歴史の深さです。ここで展示されている陶磁器は、紀元前 3000 年のものです。紀元前 4 世紀の通貨も展示されていました。東ローマ帝国、ヒッタイト、アレクサンダー大王、オスマントルコといった昔、世界史で勉強した記憶がかすかに残る国名や人名が目の前の展示品の説明に次々に登場します。

博物館の庭からは、黒海にただ一つ浮かぶギレスン島が眺めます。

島から発掘されたものも多くあるそうです。この博物館の入場料は5TL（約200円）、ぜひお越し下さい。

2.2

再び、雪の峠を越えて、チャモルックへ向かいました。ドルムシュ（ミニバス）の運転手は、凍結した路面を卓越した技術で高速運転を続けていきます。しかも片手運転？

携帯電話の通話をしているのです。でも今日は、この緊張感ある行為に救われました。チャモルックへはドルムシュを乗り継いでいくのですが、雪のため、乗り継ぎ場所から先へ行く便が、今日はないことが判明。その代わりに乗るタクシーを手配し、価格交渉し、領収書の作成まで頼んでくれました。

このやりとりを全て凍結した路上の運転中に携帯電話をあちこちにかけて、行ってくれました。これらが全て終わり、峠の直下で休憩したときに見た雪山と青空のすがすがしさと安堵感は決して忘れません。

2.3　キーパースンとJICAボランティアの仕組み

今日は3人の人物を紹介します。

まず、ウスジャ村のドゥスンさん。本年、配属先からJICAに予算を要求して実施する、小規模ハウスいちご生産モデルの事業の対象農家です。3月14日までにハウスを設置する予定なので、そのための日程を説明し、実施を約束してもらいました。

続いて、イネジェ村のメジット村長です。秋にチャモルック郡が

実施する予定のいんげん豆フェスティバルについて、意見を伺いました。この村では、3年前に類似した祭りを独自に実施した経験があるからです。農家は、自分の村の生産物を誰よりも愛し、美味しいと思っていることを再確認することが出来ました。この思いを尊重して実施する重要さを痛感しました。

そして、ギュゼル村のジェラル村長です。まだ40代と若いのですが、既に6年間も村長を務めている人格者です。兄のユクセルさんのイチゴハウスの生育状況を確認した後、チャイをいただきました。今日は、ポカポカの部屋でお孫さんにデレデレでした。

生産物を家族や地域内で消費する小規模農業が中心のここの農業や農村は、驚くほど日本と似ている点が多くあります。人々の思いは、世界中どこでも同じだと思います。

隊員は、ボランティアーとして世界各国へ派遣されていますが、JICAが行う青年海外協力隊員やシニア海外ボランティアーは、その活動自体がJICAの事業です。隊員が現地で取り組む活動に対して、赴任先（現地国の組織）が必要な事業だが、予算が足りないという申請をJICAに行うことにより、隊員の活動支援経費としてJICAから必要額のみが支出されます。最前線で行っている活動なので、少額ですが無駄は無いと思います。

2.4

標高1500mのプナルル村のガリップさんを訪ねました。

積雪のため、車は村の入り口までしか入れず、あとは徒歩です。2週間前の訪問以降、最も積雪が多くなった時には、1m近くになったそうです。激しい降雪の時には、ハウスの屋根にたまらないように雪かきをしたそうです。

一昨年の大雪で一部のパイプが、すでに歪んでいるのですが、イチゴハウスは無事でした。

日射しが強くなってきたため、苗は生育を始めています。今日は晴天、以前に指示したとおり、日中は入り口をしっかり開けていました。それでも15時の時点で、ハウス内は19℃あります。しかし日没と共に氷点下になり、夜間のハウス内の最低温度は、調査の結果 -10℃を下回ります。激しい温度変化です。

家の前の木造のハウス内では、4月以降にキュウリ、トマトやピーマンなどを栽培するための耕耘と鶏糞施用をしていました。ハウス内は、ぽかぽか、ふかふかです。

2.8　派遣前訓練から一年が過ぎて

本当にいろいろなことが起こった一年間でした。家族が支え合うこと、友人から励まされ、励ますことの大切さを強く感じました。

今回のトルコでのSV活動は、もうすぐ折り返しですが、ライフワークとしての国際協力活動は、まだ始まったばかりです。

私は、国際協力に関する活動を一生続けて行くことが夢です。

しかし、夢って逃げ水みたいなものです。第三者から夢だと思っていたことが実現したように見えていても、本人にとっては、苦楽善悪が混在しているから、とてもそうは思えない。時には悪夢かな？とさえ思う。だから、必死に抜け出そうと努力する。そしてまた、遥か先に見える夢を目指すことになる。応援をよろしくお願いします！

2.8

週末は、12月からトラブソン県に柔道指導で派遣されている三野さんを訪ねました。2020年の東京オリンピックを目指す女性選手の指導をされています。道場の張り詰めた雰囲気は、どこの国でも同じです。

女子の強化選手と寝食を共にする生活で大変かと思いきや、選手

にとても好かれていて、ぜひまた来たいと話されていました。立派
です。

2.16 岩佐SVがハウスの模型を作成！

　来月、早々に新設する予定の小型ビニールハウスの構造の一部が
分からない、とカンターパートのマリックさんから、突然に質問さ
れました。

　すでに発注しているハウスなのですが、受注した業者から図面で
は「分からない」と連絡を受けた様子。

　どうすれば、理解してもらえるかとSVのメンバーで相談すると
「模型を作る！」という発案者が現れました。同期SVの岩佐さん
です。

　そして、20分後、見事に図面に透明フィルムを貼り、サイドカー
テン（ビニールハウスの両側の巻き上げ部）のサイズと仕組みを説明
する模型を作ってくれました。

　そして、マリックさんに説明。いとも簡単に理解してくれて、さっ
そく受注業者に説明しました。

　器用な人がいると本当に救われます。ありがとうございました。

　今回のことで明らかになったように、文字より図形。図形は平面
より立体がより判りやすいです。一番ひどいのは、言葉の説明でしょ
うか。でも、その一番ひどいコミュニティー手段で日常生活が進ん
でいる。特に電話でのやりとりは、外国では表面的には分かったよ
うでも、ほとんど通じていないと思った方が安全です。理解した内
容よりも勘違いのほうが多い。メールを併用しないととても危険で
す。

2.23　フェイスブックにトルコ語も加えることにしました

Giresun'un limandan dağı börgesini Çamoluğ'a geldim. Dört günü burada çalışacağım.

　２週間ぶりに黒海の港町ギレスンから雪山を越えて、内陸のチャモルックにやって来ました。峠の休憩場所では、JICA ジャケットを着たモデルさんと遊んでいた犬が、私のカメラに大接近！

　今日は、ミニバス（ドルムシュ）の車両故障のため、ギレスンの出発が１時間ほど遅れて、午後３時にようやくチャモルックに到着しました。

　今日から４日間滞在します。

2.25

Çilek projesinin tarifesi hakkında, Ben çiftçilere açıkladı. Mart ayının erkende çilek sera yapımısı olacak.

　チャモルックにて、実施するいちご生産体制整備事業（プロジェクト）の実施計画について、最終的な打ち合わせを行いました。

　温室の建設時には、私は健康診断などにより、日本に一時帰国するため、建設業者、農家、トルコの職員（カウンターパート）そして、グループ派遣されている SV の仲間に任せることとなります。

　また、チャモルック市長（başkan）との話し合いを行い、9 月 14 日に開催する予定のインゲン豆フェスティバルに対する市長の並々ならぬ、意欲と決意を確認することが出来ました。初めて行うこの行事の成功に向けて持てる力をフルに発揮していきたいと思います。

2.26

Nisan ayın sonra Ben çiftçi ile kuru fasulye yabani otların önlemleri için göstermek alanına yetişiticeğiz.

　今回のチャモルックでの活動の最終日になりました。グジェル村のユクセルさんと白インゲン豆の雑草対策のための現地試験ほ場を設置することが合意されました。

　ギュゼル村の多くの畑は、昨年度、雑草の多発により、ほぼ収穫皆無になりました。この地域の農業者は、昔から除草剤を一切使わず、作物の種類を変えることと、発生初期に確実に除草（草取り）することにより、雑草対策を行ってきました。

　しかし、昨年はインゲン豆が湿害により生育不良となる一方、雑草の発生は多くなってしまいました。当初、農家は、本年度の栽培を止める予定でしたが、約3ヶ月前から説明と意見交換を繰り返してきた結果、試験栽培に取り組むことを合意しました。4月中旬から農家と共に栽培に取り組みます。

　また、今回もハウス内の温度変化を確認しました。晴れた日中の最高気温は、すでに35℃ほどに達しています。夜間は未だに－5℃ですので日中の換気がとても大切です。

　ズラリと並んだミニバスは、チャモルックの子供達のスクールバスです。全ての村からバスで通学しています。

2.27

Kiraz çiçekleri çiçekleniyor. 桜が咲き始めました。

チャモルックからギレスンに戻ると、そこはもう春！

暖房の煙が混じった春霞、薄着で散歩する人々、公園では桜の花が咲いていました。そして、シニアボランティアーのギレスンチームで作成していた「Güzel Giresun：素敵なギレスン」が完成しました。

これからパンフレットを活用して、ギレスンの自然、食糧・農業、人々の素晴らしさを多くの人々に知ってもらいたいと思っています。

この写真は何でしょうか？白抜き文字の月日をご覧下さい。

月と日が日本と逆になっていますが、イスラム教における最大の行事「ラマザン：断食月」が明ける日から始まるカレンダーです。

ずっと探していたのですが、見つかりませんでした。ところが、チャモルックの宿舎の食堂の折り紙で作った箱がこのカレンダーであることを発見！一時帰国の貴重な土産になりました。

健康診断一時帰国

　2月28日から4月7日まで、私は健康診断のため日本に一時帰国した。

　日本では、健康診断の結果が出るまでの時間を使い、昨年8月に無くなった祐輔の墓参りと合わせて家族旅行を行った。毎年参加している地元の町村対抗の駅伝大会にも出場した。

　また祐輔が勤務していた船舶会社の社長から誘われて、釜石の寺院へ行き、東日本大震災の慰霊式に参加した。この寺院は、津波の被害者を含む海難事故者を奉っており、今年の式典に先立ち、社長さんが仏像を寄贈したのだった。

　慌ただしく時は過ぎ、ソメイヨシノの開花を見届けないまま、トルコへ帰国した。

ギレスンに赴任して1年が過ぎて感じること。

1　活動内容について

　トルコ語の習得は思うようには進まないが、農家とCPの英語を介するのでは無く、直接話すように努力している。いちご栽培については、越冬時の管理方法を中心に指導した。2年連続栽培方法を実施しているので、苗がきちんと越冬出来るかどうかがいちご栽培の成否を決定づける。結露と凍結と融解を繰り返して、苗が腐り始めたため、葉を整理し、晴天時にはハウスを開放し、風を通すように指導した。いちごの育苗は3戸の農家が開始した。今後の活動としては、ハウス内の痛んだ苗の植え換え、夏期の遮光ネットの設置、1年目の収穫終了後の株の整理について指導していく。

　配属先がアンカラの本局に申請していた新規ハウス設置事業が急遽、不採択となった。このため、ハウス設置と育苗を組み合わせた事業に変更して、JICAへ予算を申請した。1戸のみの事業として認可されたため、ハウス設置を希望していた4戸から1戸を選択して実施した。3月下旬、チャモルックのウスジャ村に新たなハウスが設置された。しかし、サイドの巻き上げ器具に支障があるため、出張の都度、応急処置をしている。施工業者にカウンターパートのマリック氏を通じて、修繕するように要望しているが、対応は無い。設置時に検査を行ったのだから、あとは自費で行って欲しいというのが先方の本音のようだ。ハウスを設置した農家もこのことについては、特に反論をしない。トルコの人達のこのような責任を追及しない感覚は、日本人にはなかなか理解が出来ない。

　苗の生育も不良のため、他のいちご農家より購入して補植している。

　インゲン豆は、昨年度に4ヵ村で生育調査、2カ所で収穫調査を行い、湿害と雑草被害が生育・収量に大きく影響することがわかった。これらの改善を目指し、本年度、展示ほ場を設置した。栽培を

通じて、種をすじ状に播き、除草作業が簡単にできることを説明する予定である。この作業体型は、機械作業と同じなので今後の大規模栽培にも応用できることを説明したいと思っている。

その他、地域の農業や農村の素晴らしさをPRするための写真パンフレット「グゼルギレスン」を配属先の予算を利用して、５００部を制作し、２月より職員、関係農家や観光案内所に配布した。好評なため、チャモルックの素晴らしさや私達の活動成果を伝えるためのパンフレット「グゼルチャモルック」を年度内に作成するつもりである。

2　トルコにおける社会的格差

トルコは中進国である。通常、赴任先と自宅の往復や自宅付近で隣人と話す限りでは、社会的格差には気づかない。しかし、日本でも多くの若者が正規職員となれず、年収２００万円未満で働いているのと同様に、トルコでも大学卒業後、不安定で低賃金（月額4万円、年額５０万円以下）の仕事しか得られない若者が多数生じている。日本が戦後に各県に国立大学を設立したのと同様に、トルコでは２０年前より地方の高等専門学校を統合し、大学に昇格させており、３０代以下の人達が急激に高学歴になっている。このため、一部の有名大学を除いて、大学卒の価値が大きく低下し、いわゆる学歴インフレが発生している。この問題に加えて、国内に居住するグルド人、出稼ぎのために長期滞在するジョージア人、シリアやイラクからの移民と思われる人々が散見される。特に衣装や顔つきが明らかにトルコ人と異なる人達が、昨年に比べて増加している。乳児を抱え、物乞いをする母親や親の指示により街頭で物売りをする子供達を見ると社会的格差の現実を感じる。

3　日本人（シニアボランティアー）の強みと
　　トルコ人の強み

活動をしながらしばしば考えることがある。それは日本人とトル

コ人の強みや特徴だ。

◎日本人（シニアボランティアー）の強み

日本という高位標準化を理想とする社会で基礎的な専門知識や技術を確実に習得して仕事をしてきたこと。日本という組織的な活動が得意な国でグループワークをこなしてきたこと。大規模災害が頻発し、労働環境や社会の仕組みが急激に変化する中で順応して仕事をしてきたこと。

◎トルコ人（カウンターパート）の強み

　幸せに暮らすために大切なことに取り組むこと（トルコでは、子供を徹底的に可愛がるため、生まれたときから愛された体験で多くの人が満たされている）。一瞬先のことと、１０年先のことをイメージすること（日本人は、少し先から数年先のことをイメージするのが得意）。最終決断してから実行するときの瞬発力（日本人は企画を検討して、計画を作成して、準備してから実行する）。

　この特徴を理解していくと、日本的な仕事の進め方はトルコの職場では、通用しないことが明らかになる。しかし、トルコの人と同じように前もって何も準備せずに過ごしていると、いざという時に日本人は、彼らに全くついていけない。トルコ職員の緊急スイッチをオンにするのは管理職なので、彼らに強いリーダーシップが求められる。どんな人であれ、管理職とは良い関係を築いておくことが重要になる。

4 一時帰国からクーデター未遂事件
2016.4.1 〜 2016.7.13

　健康診断のための一時帰国が終わり、トルコへ戻るために成田空港から飛び立った。今回は、妻が同行する2人旅だ。シニア海外ボランティアーには、家族一時呼び寄せ制度がある。これは、身近な家族に活動現場を直接見せて、より良く理解してもらうと共に、家族を通じて、より多くの日本の人達に開発途上国の国作りに活躍しているJICAのボランティアー活動を知ってもらうために行っている。

　この制度は、配偶者と未成年の子供が対象だ。JICAは、成田空港とイスタンブール空港の往復旅費を補助してくれる。自己負担は一人当たり25,000円である。年末年始にギレスンを訪れた子供達も、この制度を利用した。妻は8日間、トルコに滞在し、ギレスンにて職場を訪問した他、アルトビン県のシャブシャットに旅行し、友人のファティフさん一家を訪ねた。

4.1

Hava çok güzel bir günü Giresun'a döndüm.

　ギレスンに戻り、一夜が明けると外は快晴！

　まず、妻とともに事務所に行き、職員の方々に帰朝の挨拶をしました。その後、SV仲間と昼食をとり、ギレスン城に登りました。

　過去一年間で最も美しいギレスンの景観を満喫しました。

4.3

Şavşat'ta Fatif bey'nin evde güzel bir zamanda vardım.

　妻と共に友人のファチフさんのお宅にて、互いの家族の写真を見せ合ったり、スカイプで加わった日本の子供達も含めて話をしたり、食事を食べたりして、素敵な時を過ごしました。お腹も心も満杯になりました。次回は9月に会うことを約束しました。

　4回目の訪問なので、昔からの友人という感じです。

4.4

Şavşat'tan Giresun'a döndükten sonra güzel bir hamsısı yedim.

　シャブシャットからバスで9時間かけて、ギレスンに戻りました。

　ちょうど夕食時間になったので、市庁前幌場を広場を見渡せる魚料理レストランにて、ご馳走を食べました。

　メイン料理は、もちろん鰯（トルコ語では「ハムシ」といいます）です。

間もなく禁漁期に入り、食べられなくなる今期最後の黒海の味です。

- -

4.8

İstanbul' da her taze gıdalar vardı.

　妻との旅行最終日、イスタンブールで過ごしました。トルココーヒーを飲み、海峡を渡り、新鮮な食事を満喫しました。跳ね回る鰯に感動！

- -

4.9

Istanbul'nun büyük ada'ya gittim.

　イスタンブールから船で1時間ほどのブユックアダ（大島）に行きました。周囲25kmほどの島ですが、国内外からの多くの観光客で賑わっていました。

　この島の観光の目玉は、ファルトン（馬車）です。島内の交通手段は、この馬車と貸し自転車しかありません。観光客は、馬車、自転車、徒歩のいずれかの手段で移動して、楽しみます。住民の移動手段も馬車以外は、電気バイクが加わるだけです。

　工事用車、官庁関係の公用車、救急車、消防車、清掃車以外は、通常の自動車は全く見られませんでした。

　日本にも、ぜひこうしたエコ観光地を作って欲しいと思います。

- -

4.10

Büyük ada'dan Giresun'a dündüm.

　朝、メズキホテルの主人に送られ、ブユックアダ（大島）からイスタンブール経由で、ギレスンに戻りました。

　船上からは、スルタンアホメット寺院（ブルーモスク）とアヤソフィア美術館の美しい姿を見ることが出来ました。

（口絵写真「1. イスタンブールの世界遺産」）

　イスタンブール市内には、至る所に体重測定屋さんがいます。その計りの目盛りは、なんと160kgまであります。さすがトルコです。

　確かに、こうしたものでないと、測れない人がかなりいることは、事実です。

4.12

Çamoluk'ta şişmiş ırmağı.

　6週間ぶりにチャモルックに来ました。雪解けで増水した河が春の訪れを伝えています。

　事務所の女性には、児玉SVがプレゼントした折り紙が大人気！ところで、往路の休憩時に道路に横たわる犬を見かけました。「こんな所で死んでしまって、かわいそうに！」と思っていると、ふいに立ち上がり、私にすり寄ってきました。

　こちらの犬は、路上に張り付いていても生きていますのでご注意！

4.13

Çamoluk'ta yeni serasında çileği proj başiyor.

　チャモルックのいちご栽培体制整備プロジェクトがスタートしました。拠点となるdusunドゥスンさんのハウスが完成し、ハウス内ととなりの育苗ほ場には、苗が植えられました。

　根腐れで枯れた苗が発生したり、ハウス側面の巻き上げ部分に不具合がありましたが、可能な限りの対応を行いました。

　今後、2週間ごとに訪問し、栽培が軌道に乗るように指導していきます。すでに栽培経験のある隣接する村の農家がアドバイスをしてくれるのが、とてもありがたいです。

　今後も、いろいろと問題は発生すると思いますが、トルコ的に大

らかに対応したいと思います。

━━━━━━━━━━━━━━━━━━━━━━━━━━━━━━

4.14　トルコの野菜、果樹生産

Çileğin fideler azaltmak için kurtuludır.

　今回のチャモルックの活動は、今日までです。午前中に３軒の農家を回り、川沿いのレストランで昼食をとりました。

　株を切り下げて、冬越しをしたユクセルさんのイチゴは、旺盛な生育をしており、着果数も多く、実の肥大も進んでいました。

　しかし、冬期間に指導し続けてきた、株の整理をしなかったため、非常に混み入り、アブラムシが多発しています。

　トルコには、移植ゴテが無く、いちご株の整理（切り分け）がとてもやりにくかったため、一時帰国時に日本で購入した移植ゴテをあげて、至急作業を行うように話しました。

　すでに、天敵であるテントウムシも多く発生しており、地域の農家は、農薬散布を好まないので、この方法で指導していくつもりです。

　いちごハウスで栽培されている品種の主力は、アメリカで育成された camarosa という品種です。夏イチゴなので、甘さは少なめですが、乾燥、暑さや寒さに強く、大きくてしっかりした品種です。皮がとても固いので、手で摘んでも指紋が全く付きません。

　トルコはいちご生産量が世界３位。トルコのカマロッサは日本でも冷凍物が売られているそうです。改めて統計資料を見ると、野菜生産や果実生産において、多くの品目が世界６位以上の生産大国であることを知りました。ヘーゼルナッツが１位、蜂蜜が第２位、インゲン豆が第１位、トマト、きゅうりも上位です。EU に加盟するとフランスに並ぶ EU 内の農業大国になるという話は、事実のようです。

　サクランボも第１位です。５月から７月にかけて信じられないほ

ど多くのサクランボが売られます。一番安くなるときには、1kg150円くらいになります。ジュースやシロップもとてもおいしく、しかも安いです。ギレスンは、トルコ最古のさくらんぼの産地として知られていますが、現在の生産量は多くありません。日本最大の産地である、山形県寒河江市と姉妹友好都市です。

4.16

Çamoluk'tan yeşil ağaçlerin ve renkce çiçeklerin Giresun'a döndüm.

　九州地方の地震の被害に遭われた方々には、心からお見舞いを申し上げます。

　春が始まったばかりのチャモルックから、ギレスンに戻ると木々の緑や沢山の花々の彩りがとてもまぶしく感じます。

　急に気温が上がったせいか、突然の夕立が来ました。

4.17

Benin için güzel bir günü！

　ギレスンに戻って来た土曜日。素敵なことがいっぱいありました。

　春の雰囲気でいっぱいのメイダン（街の中心地）を散策した後、自宅に戻ろうとしたら、久しぶりに元気な車いす少年、アブドラ君に会いました。とても明るい様子にこちらも嬉しくなりました。

　夕方は、ギレスンのシニアボランティアー全員が仲間の丹羽さんの自宅に集い、奥様の料理を満喫しました。素敵な部屋で日が暮れゆく山々と黒海を眺めながら、楽しい時間を過ごしました。

4.19

Benim ofisim yakında yeni ve güzel bir kahve var.

　配属先（ギレスン食糧農業畜産局）は、町の中心から 2km ほど離

れた緑の山々（その多くはヘーゼルナッツ園）と黒海に挟まれたところにあります。その職場の近くに新たなカフェが開店しました。黒海に突き出た岬に建てられた店からは、ギレスンの町と山と海が一望できます。

　トルコのヘーゼルナッツ生産量は世界の 75% を占めています。その 40% はギレスン産です。私は、世界一の産地の中心地に住んでいます。黒海沿岸の山々は、ほとんどヘーゼルナッツ園です。ただし、知らない人には、低木の広葉樹林（自然の林）にしか見えません。

リゼの茶業試験場を訪問

4.24　リゼの茶業試験場訪問

Bugün çocuk bayramı. Arkadaşımle Rize'ye gittik.

　4月23日はトルコのこどもの日です。小中学校では、子供達が踊りを披露し、親も先生方も夢中で応援します。

　この賑やかな日に 200km ほど離れた茶の大産地、リゼの茶業研究所に派遣されたシニアボランティアーの谷さんを訪問しました。

　素晴らしい景観と心のこもったおもてなしに感謝、感激です。

　この試験場では、日本の茶を地域に普及するためで無く、育種資源として活用するために生産している様です。紅茶が中心ですが緑茶も生産もしていますので、それぞれに向く品種を新たに作り出すときに利用するのだと思います 試験ほ場では、埼玉県の品種である「さやまかおり」も栽培されていました。評価は良好！

　トルコは茶葉の消費量も世界一だそうです。

　トルコのチャイは、紅茶です。煮出した紅茶にお湯を加えて飲みます。食事の都度、ちょっと座って話すとき、仕事を始めるとき、手持ちぶたさの時、いつでもどこでもチャイを飲みます。一方で緑

茶やハーブティーも喫茶店やちょっとしゃれたレストランでは、出します。どこの商店でも様々な茶が売っています。

この試験場から遠くに見える白銀の山々の麓まで、ほとんど茶畑です。栽培は粗放で、個々の農家の経営面積は平均40aと零細（ほとんど兼業農家）ですが、産地規模はギレスンのヘーゼルナッツと同様に、日本では想像できない大きさです。

リゼを中心とした茶の産地規模は、約8万ha。チャイクールという協同組合が経営する47の茶工場があり、国内外へ販売しています。紅茶、緑茶、ハーブティーなど様々な製品を作っています。栽培時に農薬は使用しませんが、化学肥料（尿素）は使います。しかし、有機肥料（家畜厩肥）を使い、EU基準の有機認証をとると2倍の価格で販売できるため、転換を勧めています。現在1工場は有機専用。本年中に3工場に増やす予定だそうです

17品種の日本の茶の現地適応試験をしていました。やぶきた、さえあかり、さやまかおりの3品種が適性有りとの評価のようです。今後の品種改良に活かすと言っていました。

4.26　新しいハウスのイチゴ栽培

Çamoluk'un Usluca köyüde çileği projsi birlikte yapıyoruz.

10日ぶりにチャモルックにやって来ました。ウスジャ村のドゥスンさんが開始したハウスいちご栽培は、カーテン末端のパイプと繰り上げ装置を接続する器具が設置されなかったため、サイドカーテンが上下できない、苗が開花して成長が進まないなどの課題を抱えています。しかし、一つ一つ解決へと導いていきたいと思います。

まず、大至急、器具を購入して、取り付けることが必要です。そして、いちごが本格的に成長を始めるまで、農家と共にこまめに観察して適切なアドバイスをすることが大切です。

今、まさに日本人シニアボランティア4人、トルコ職員3人のギレスンチームの真価が問われています。

実際、栽培以前の問題も生じますので、これからです。苗がとにかく小さいので、育てることが優先です。収穫は夏以降になります。どんな分野でもそうでしょうが、特に農業では2年間は短いです。今年、建てたこのハウスについては、本格的な収穫を見ること無く、私は来年の春に帰国することになります。

4.27

Çilek toplanı başiriyor.

チャモルックのハウスイチゴの収穫が始まりました。

標高1000mのユクセルさんのハウスでは、毎日収穫し市内で販売しています。今年が同じ苗からの3年目の収穫のため、秋には全面的に植え替えます。そのための苗作り方法について、しばし議論をしました。

通常、日本ではいちごの苗は一年しか使いません。苗用の畑は別途、用意します。そして、苗用の畑に植えた親株のランナーから出る苗の内、親株から直接付くもの（太郎苗）以外のものを収穫用苗として育て、収穫する畑（ハウス内など）に移植します。チャモルックでは2年連続栽培を行っているため、こうした変則的な方法をとります。

無農薬、無化学肥料で栽培できるのは、この地の気候（夏は一日の気温差が大きく、とても乾燥する）と気温の変化や乾燥にとても強い品種を栽培していることが主な理由です。育苗の重要性がまだ、分かってもらえないのが辛いところです。

トルコでも今が春いちごの最盛期。価格も低下して1kg（日本のイチゴパック3個分）あたり、5リラ（約200円）です。日本では1000円以上はすると思うので、5分の1くらいです。一方、チャモルックの農家が作っているのは、5月から9月まで収穫する夏い

ちごです。こちらは、春いちごよりも生産が少ないので、価格もやや高くなります。チャモルックでは、1kg 当たり 10 リラ（400 円）で地元の消費者に直売します。

　トルコでもイチゴは高級果実ではありません。トルコの一般のサラリーマンの月給は、40 代で 3000 リラ（12 万円）くらいです。日本のおおよそ、１／３くらいの所得水準です。一方、野菜や果物の価格は５分の１くらいなので、日本に比べてとても安いです。米以外の穀物の価格は 10 分の１くらいでさらに安いです。肉は、日本の半額以上するので割高感があります。

4.28　ハウス施工のミスへの対応

Çamoluk'ta erkek öğrenci yurdusunun çocuklar çileği yetişimeye başlıyor.

　チャモルックにて、活動時に宿泊している男子学生寮で子供達と先生方がいちごの栽培を始めました。今日は、さっそく、バイラン先生と苗の摘花を実施。次回から滞在時の楽しみが増えました。

　現場では、ハウス内の温度変化が激しいため、今回から同時に２カ所で行い、村ごと気温変化の特徴を明らかにしていきたいと思います。新設したハウスのパイプ溶接部が早くも外れてしまいました。ハウス全体も強風時には、大きく動きます。溶接が全体的に不備のようです。至急、修繕する必要があります。

　今回のビニールハウスの資材は、全てトルコ製です。ただし、トルコでは、日本のような小型ハウスが一般的で無く、パイプハウス（様々なパイプをつなぐだけで出来る設置、撤去、移動が可能なハウス）はありません。ハウスは、全て鉄骨を溶接して作ってしまうので、施工が悪いと致命的になります。

　自記温度計（おんどとり）は、日本から２台持参して、フルに利用しています。こちらの夏収穫用のイチゴ品種は -10℃から 30℃の間ならば、ほぼ支障なく栽培できることも分かりました。全てアメリカで育種した品種ですが、とんでもなく寒暖差に強い品種です。

日持ちも良いです。

　ハウスについては、本当に基本的な作業ミス（手抜き）です。すでにビニールが被覆してあるため、溶接の火花が飛ぶと溶けてしまうので、多くの部分は再溶接が出来ません。金属用の接着剤を付けてビニールテープなどで固定するしかないかな、と思っています。

4.30

Sebze fidesi ekim zamanı geliyor.

　ギレスンは、今が野菜苗の植え付けの最盛期！

　パザール（青空市）や農業資材店だけで無く、いろいろな所で苗を販売してます。私の住むアパートの庭でもチャモルック産のいちご苗が育っています。ちなみに市内の農業資材店では、イチゴ苗（6 cm×7 cm×深さ7 cmのポット）は1本60円。

　トマト、キュウリ、ブロッコリーなど（同じポット）は、1本30円です。いちごの場合、農家が大量に購入するときには、1本20円になります。

　いずれもパザールでの生産者の直売を除き、イスタンブールやアンタリアなどの種苗生産会社から購入し、販売しています。

5.3　公園のゴミ拾い活動がメディアに載る

　いつもの場所でいつもようにやっていた公園のゴミ拾いが、なぜかわからないが、新聞に載った。私が言いたいことは「美しい景色と訪れた人達の思い出と足跡以外は、ここには似合わない」でも記事には、ずいぶん難しいことが書いてある。

　「日本人技師からの文明的な教え」ギレスン食料農業畜産局に協同プロジェクトを実施するために派遣された農業技師が公園のゴミを拾う活動を行っている。彼は、毎週6日間、朝のスポーツを行い（これは誤報）、毎週1日清掃活動を行っている。活動を通じて、ゴミ

を無くすための知識を伝えている。」(口絵写真「11. 公園の清掃活動」)

　トルコへ着任しても、初めのうちは言葉もろくにわからず、何一つ出来ませんでした。でもゴミを拾うことならば、すぐに出来るし、続けられるだろうと思い、始めました。
　それがこんなに反響を呼ぶとは、思いも寄らなかった。

5.5

Japon'da ve Ekvador'da deprem yardın için bir kampanyası başlıyoruz.
　土日（トルコ、日本）基金が実施する震災支援活動に協賛し、配属先にてメーセージとお守りの受付を始めました。お守りは、ナザール・ボンジュというトルコに昔から伝わる美しい魔除けです。
　アンカラの日本大使館を通じて、日本に送られた後、6月にそれぞれの現地に届けられる予定です。(口絵写真「14. 震災支援」)

5.6

Çamoluk'ta kuru fasluyeyi daha fazla Yetiştimek için yeni küçüğü projeye yapıyorum.Giresun'daki martı ve kara kedide bana izliyorlar.

　チャモルックのいんげん豆の作付けを増やすための新たな取り組みを始めました。

　消費者から事前予約をとり、その数量の分だけ、農家に作付けを増やしてもらう仕組みです。数量と単価を播種前に決めていくため、農家は安心して栽培に取り組めます。

　本年は、展示ほにて収穫が見込める数量（最大 100kg）の試行に取り組みます。わずかな数量ですが、取り組みを通じて、予約の取り方、安定した収量を確保するための栽培、販売時のパッケージや精算方法を農家や関係者に説明していきたいと思います。

　この取り組みは、様々な分野の専門家である SV が揃うギレスンだからこそ、出来ることだと思っています。

世界一おいしいトルコのパン

　ところで、トルコの方の主食は、フランスパンに似た形のパン（トルコ語ではエキメキといいます）です。ヨーロッパと同様にスープだけを注文してもパンは無料で出て来ます。もちろん食べ放題です。ヨーロッパの人達は、トルコのパンが世界一美味しいと褒めてくれます。ごはんもありますが、こちらは脂がたっぷり入ったピラフが一般的です。一番よく食べるおかずの一つという位置づけです。

5.12　インゲン豆の栽培試験

Kuru fasulyesi bir satırlı ekme projeyi başlayoruz.

　インゲン豆のすじ播き栽培試験を始めました。50cm 幅の畦（すじ状）に 20cm 間隔で種を播きました。農家の通常の播種方法は、畑全体にばらまき、または、約 5cm 間隔にぎっしり播くすじ播き

です。SV とカウンターパート、運転手が力を合わせて行いました。

今回の試験は、播種量を通常の１／３に減らすと共に、将来、機械で播種を行う場合の播種間隔の参考にすることを目的としています。また、このほ場（約 500 m²）の収穫物は、すでに消費者からの購入予約をとっており、販路と畑を提供した農家の収入が保証されています。次回からは、雑草防除に取り組みます。

この地域で除草剤を使う農家は、誰もいません。生産物の価格に比べて除草剤が高いこともありますが、農薬を使うことが近代的で合理的だという発想が、トルコの遠隔地のここには、ありません。栽培する作物の組み合わせや定期的に行う除草作業で可能な限り減らし、あとは自然に任せるのが、ここの農業です。ですから有機農産物が当たり前のこととなります。

※この時点では、農家からこのように聞かされていた。

夏季の６月から９月には、雨量がとても少ないので、雑草の発生が日本とは桁違いに少なくなります。同様に害虫も病気の発生もほとんどありません。

作物の生育を大きく左右するのは、６月までの雑草の発生と灌水です。ただし、イチビなど外来雑草は、カラカラの土地でも発生するので、とてもやっかいです。

5.13

Çiftçi serasının çileği toplamaktan bilgisiyi yazımaya başlayor.

　今回のチャモルック滞在で一番、嬉しかったこと。

　それは、ハウスイチゴを栽培しているユクセルさんが収穫量の記録を書き始めたことです。品種ごと、ハウス内の区画ごとに分けて、1週間単位できちんとまとめています。本作の収穫収量まで続けていけば、来年以降の栽培のための重要な資料になります。

　この農家は、本年の秋にイチゴ苗の植え替えをします。それが順調に出来れば、定着したといえると思います。

5.17　トルコ語と私

Giresun Üniversitesinde medyada bölümünden öğrenciler röportaj için geldi.

　ギレスン大学のチレボル校にて、メディア関係の専攻をしている学生4人が私のゴミ拾い活動に関する取材にて、職場を訪れました。

　学生のトルコ語を同僚のマリックさんが英語に通訳して行いました。質問内容は、何となくわかるのですが、何せトルコでは、まともな返答が出来ない。ここの活動もあと10ヶ月、帰国までには、今日の内容くらいは、トルコ語で話せるようになりたいなあ！

　トルコ語は、文法や言い回しに日本語と近い部分が多くあり、決して難しい言葉ではありません。ただ、今の状況は、職場には日本人がいて、英語が出来る職員もおり、自宅は個室のアパート、話す機会が決して多くない。

　トルコ語の上達を目指して、11月から週2回、ギレスン大学の語学センターにて授業を受けています。授業中は、先生とマンツーマンなので、ずっとトルコ語を聞き、話しています。

　ただし、この授業がトルコ語を話す最大の機会になっており、日常生活（職場では日本語が多い）や活動中（コルジャン氏に英語を訳してもらうことが多い）には、意外と話す機会は少ないです。知人・

友人のトルコの人達は、私のことをだいたい理解しています。そこに知らない人が加わってくると、私の拙いトルコ語では面倒になり、私のことを知人・友人が説明してしまい、結局、私はろくに話さずに新たな人と知人になってしまう。この流れで地域に馴染んでしまったようです。トルコ語が下手だけど、良い奴だよ、といった評価です。

5.21

Mayıs bir haftası Giresun'un aksu festivalı yapıyor.

　5月の第3週目は、トルコでは青少年とスポーツの週間です。大国だったオスマントルコがヨーロッパ諸国に攻め倒され、混乱状態となった中、97年前の5月19日にトルコ共和国の建国に向けた解放戦争がムスタファ・ケマル（初代大統領）の指揮の下、始まりました。写真は、当時の状況を再現した静止演技です。厳粛な演奏が続く中、次第に記念撮影の人々が入り込み、トルコならではの雰囲気になりました。5月19日の祝日（解放記念日）を中心に様々なイベントが開催されます。

　ふだんとは異なる一週間ですが、近くの海岸ではいつもどおりの日々が流れていきます。

5.21

Yarın sabah Giresun marasona koşacağım.

　明日 22 日に開催される GIRESUN マラソンに出場する準備が整いました。インターネットでの登録、開催会場の確認、ゼッケン・マラソンチップや記念品の引き替えなど、一つ一つがまさに新たな発見でした。職場の友人のおかげでここまでたどり着きました。

　自分が登録されているかどうかを本人がネットで再確認する必要がある、運営者がギレスンに来るのは前日、引き替え場所が突然変わるなど、トルコをまた一つ学ぶことが出来ました。明日、走った後の報告もお楽しみに！

- -

5.22　マラソン大会、初優勝！

Giresun aksu maratonuda koşrarak eğleniyorum.

　ギレスンマラソンの 10km を無事に完走しました。前半は、ハーフマラソンの選手に引っ張っていただき、ペースを守れました。しかし、折り返し点から選手が減り、強い日射しを真正面から浴びてややペースダウン。何とか 50 分を切れたかな？という感じです。毎週、練習で出会う多くの人々と晴れの舞台で再会し、事前に表彰台にも乗ってしまい、満足です。岩佐さんのサポートに感謝します。

　その後、トルコの友人から連絡が殺到した。以下がその内容です。（トルコ語）

里見さん　おめでとう（Tebrik ederim satomi san）

ヒロシ　チャンピオンになったぞ（Hiroshi şampiyon mu oldun）

私もインターネットで知ったところ＝里見より（Ben de internetten biliyorum.）

年齢別男性部門優勝おめでとうございます！優勝ですか！すごい

ですね♪
自分のことですが、会場では全く知らず、知らされず、帰宅後にフェースブックへの書き込みで知り、驚きました。

完走おめでとうございます、1位じゃないでしょう？（笑）
年齢別で一位ですよ♪
そうなんですか、ちなみに、50代の方の参加者は何名ですか？
10kmの部の55才から59才は、20人くらいですかね。インターネットでタイムを見るときに確認します。

里見SVおめでとうございます！司会席の岩佐さんもニュースキャスターみたいでお似合いです

私は国内では子供（祐輔）と一緒に走った親子マラソンに優勝したことがあります。しかし個人では初めてです。今日のタイムでは、日本では中位なので完走メダルをもらって、そのまま帰ってしまいました。明日、職場でトロフィーをもらいます。

（口絵写真「13. ギレスンのマラソン大会にて優勝」）

5.27　パソコン紛失

アンカラからギレスンへの帰路にパソコンを紛失した。ギレスン帰宅時に気づいたため、初めはどこで無くしたのか、どうすれば良いのか、分からなかった。

しかし、冷静に可能性を辿った結果、アンカラ空港のセキュリティー検査の場所に放置してしまったことを思い出した。急遽、アンカラの小澤調整員に連絡をした結果、空港の遺失物に同じ機種のパソコンがあることが判明、ギレスンに送付してもらえることとなった。一般的な開発途上国であったならば、こうした遺失物はほとんど戻ってこない。

　派遣国がトルコで本当に良かったと感じた出来事だった。

5.30

　今回のパソコン置き去り事件では、人間の感覚や記憶のいい加減さを痛感しました。1kg以上あるものが、肩掛けバックから無くなっても、その時に機内持ち込み禁止の物が発見され至急、再びチェックイン窓口へ行かなければならないという事態が生じたため、全く気付かず過ぎてしまいました。そして、その後もバックの中にあると信じて過ごしてしまう。幸い、多くの人達の協力により、パソコンは、帰って来ました。こうした仕組みが機能しているトルコに派遣されたことに感謝しています。

5.31

Denizdeki Giresun'dan dağdaki Çamoluk'a gidiyorum.

　3週間ぶりに峠を越えて、チャモルックに向かいました。この時期のギレスンは、天気の変化が激しく、ミニバス（ドルムシュ）で移動した4時間の間に晴れ、雨、雹がめまぐるしく変化しました。明日から現場です。

　現場のあるチャモルックでは、昨年の春に大きな雹が降り、多くの村でクルミが全滅しました。ただし、農家はこうしたことは時々起こるのだと話し、受け入れています。

6.1 二年目のいちご収穫状況

Yeni seranın cileği fidesi büyük olıyor, ama başka seranin çileği meyvesi kücük.

　３月に新設したドゥスン氏のハウスいちごは、ようやく順調な成長が始まりました。３週間前とは見違えるようになり、不安は払拭されました。鉄骨溶接の不十分な所を今回も応急修理しました。これで何とかするしかありません。

　一方、３年前から栽培を行っているハウスいちごが本年は総じて、小さい果実になっています。連続栽培により株が老化している上に、冬季の凍結防止のため株を切り下げしたため、非常に多くの花芽が発生しました。この結果、ほとんど小粒となっています。

　10月に新たな苗に植え替え、次年度の秋に、一穴に１本に整理することがこうした状況を防ぐことが出来ると思います。農家も理屈は説明すれば、わかってくれるのですが、当面の収穫量が減ることと、株を整理する手間が増えることを考えると行動に移しません。どこの国でもこのあたりは一緒です。

　チャモルックのいちごは全て、土耕（どこう）栽培です。トルコでも地中海やエーゲ海沿岸の大産地には、水耕栽培がありますが、ここは、ハウスいちごが３年前に初めて入った場所なので、大型ハウスも水耕栽培もありません。

6.2

Birlikte yabanı otoyı alıyoruz. Çilek sera üstünde gölge net kayıyorum.

　いんげん豆展示ほ場の除草作業をチャモルックの職員と一緒に行いました。新たに赴任した農業技師のベヒザさんも大活躍！

　運転手のカドゥールさんはすっかり作業を習熟しています。インゲン豆の発芽・苗立ちの割合が30から50％と低いので、２回目の播種を合わせて行いました。

バイランさんのイチゴハウスには、遮光ネットを張りました。ハウス内が真夏の晴天時には、45℃以上になる状況が緩和できることを期待しています。次回（6月13日から）の出張時に残る3棟にも張っていきます。

6.3

Çamoluk'tan Giresun'a dolmuşla döndüm.Giresun'ın meydan da çocukları için güzel bir festival yaptır.

　チャモルックから峠を越えると、そこは、初夏の蒸し暑いギレスンでした。明日からのラマザン（断食月）前の週末を控え、メイダン（市庁前広場）では子供達のお祭りが行われていました。いっぱい遊んだ子供は、ミッキーマウスの顔で帰宅です。

　ギレスンには、梅雨は無く、もうしばらくするとカラットした暑さの夏になります。そして、8月下旬には夏は終わります。

6.5 　2年目のラマザン

Yarın dan ramazanı başlacak. Bu yüzden bugün güzel lokanta da güzel öğle yemeği yiyerek eğlendim.

　いよいよ、明日からラマザン（断食月）が始まります。ラマザン期間内は、世間から昼食が消えてしまうため（一部の飲食店や個人的に室内で食べることは出来ます）、今日は思いっきり昼食を楽しみました。トルコの人々も同じ気持ちのようで、公園や街中も多くの家族連れで賑わっていました。二年目は気負いが全く無いので、体が悲鳴を上げたらあっさり食べていきます。

　当面、昼食は、摂らない予定です。しかし、今年は、水は無理し

ません。

6.7

Bugün sabah çok yağmur yağmış, sonra üç renki-Karadenizi bakabiliyim.

　午前中、大雨が降り、その後、天候は急速に回復。すると黒海は見事に３色模様に変わっていました。この季節ならではの自然の創作です。

　日本に伝わるトルコのニュースは物騒なものばかりのようですね。確かに爆発事件は、定期的に発生しています。でも日本からトルコに伝わるニュースも G7 サミットなどを除くと ATM からの組織的な現金横領など、他の国では起こらないような悪いニュースが中心になります。ニュースは事件を伝えるものなので、こうなってしまうのは、仕方が無いのかも知れません

6.9

Tarım camp içinde ilk okul dan çocukları geldi. onlara Japonca biraz öğretildi.

　子供達に農業や食糧農業畜産局の活動を知ってもらうための行事（農業キャンプ）で市内の小学生が事務所にやって来ました。

　偶然、このことを知った児玉 SV からの連絡で、子供達と交流することになりました。子供達の質問に答えたり、日本語で数字を教えたり、写真を撮ったりと短時間でしたが、楽しく過ごしました。14 日には、 S V 4 人で小学校を訪問することになりました。

6.11　再び新聞社のフェイスブックに掲載される

Mahmut keskinsoy bey

Denizden çıkmış gibi ıslanmış- denize mi girdin sabah sabah diye sorunca hayır 8 km koştum dedi ve hala devam ediyor koşmaya sanırım 10 km tamamlayacak yaşına göre çok iyi netice takdir etmek gerekir japon mü hendisimizi.

　毎週末に自宅の近くの公園を起点に８ｋｍを走っています。今日も走った後に公園でストレッチをしていたら、散歩をしているマフメットさんに声をかけられました。スマホで写真を一緒にパチリ！その後は、フェイスブックに貼り付けて発信という、いつものパターンです。多くのギレスンの方に親しくしていただき、ありがたいことです。

6.11　子供達との遊び

Çocuklarla birlikte saklambaç oynadık.

　最近、夕方になると家のブザーがなり、子供達から誘いが来るので、一緒に遊んでいます。今日は、サクランバチで盛り上がりました。ルールは、日本の缶蹴りと同じ。ただし、トルコでは、缶が無く、鬼が見つけた人の名前を呼び、家の壁、木や石などに触ること

で捕まえることが出来ます。見つかった人が先に壁などに触ることが出来れば、捕まりません。

　この他、ビル・イキ・ユチ・ドゥル（1・2・3・止まれという意味）＝ダルマさんが転んだ。セキ・セキ＝石蹴りなど、日本とほぼ同じルールの遊びが沢山あります。

6.14　小学校を訪問

Bugün Giresun'un şehirdeki ilk okula gittim. Burada herkez Japon'un Origami yapttık, sonra çöp azalatmak hakkında çocuka konuştum.

　約束通りに先日、農業キャンプで事務所を訪れた子供達を訪ねて、市内の小学校に行きました。SV 4人が協力して、折り紙のガブト作りを指導しました。無事に先生、生徒共に全員作り上げることが出来ました。その後、ゴミの削減方法について写真、実演と質疑応答で説明しました。

　外国の人に折り紙を教える時には、多くの人が苦手とする袋折りが無いことが、ポイントです。鶴を折れる子は少ないのですが、一見、難しそうな手裏剣を折れる子は、けっこう多いです。

6.17

İftar daki güzel yemeği birlikte yiyerek öğlendik. Adnan bey teşekkür ederiz.

　同じ職場のアダナンさんから、イフタール（断食明けの食事）の招待をいただき、ご馳走になりました。スープ、おかず、デザート、全て本当においしく、幸せ一杯になりました。アダナンさん、そして奥様、ありがとうございました。

　ラマザン中は、日の出から日の入りまで一切、飲食しない代わりに、夜間にイフタールという、体に優しく、とても美味しい食事を思いっきり食べます。

エルズルム旅行

6.18

Trabuzon otogalın kediye seladıktan sonra Erzurum'a güzel otobüsle gittim.

　ギレスンから東へ 400km の東部アナトニアの大都市、エルズルムにやって来ました。トラブゾンのバスターミナルでは、名物の家付き猫に挨拶をして、豪華なバスに乗車。

　昨日、学校が学年末になり、今日はどのバスも超満員！　出発一時間前に窓口へ行ったのですが、予定していたバスは、既に満席。

　急遽、多くの客引きをさばきながら、大小各社を探し回り、何とか確保したのがこのバスでした。何という幸運！

　標高が 1900m 近くあるエルズルムは、上着が無いと寒いほどの涼しさ。季節が 2 ヶ月ほど戻ったようです。

6.19

Erzurum'un Atatürk üniversitesinde gittiktan sonra TCDD'in doğu ekspresinle Erzincan'a gittim.

　12 世紀に作られたエルズルムの城壁跡を見物した後、町の郊外にある、トルコ東部地域の名門校、国立アタトゥルク大学のキャンパスに行って見ました。2km × 4km ほどある広大なキャンパスなので、とても全体は見られませんでした。校内で偶然見つけたお花畑で思わずパチリ！

　その後、トルコ国鉄：TCDD の東部急行列車に乗車。ゆったりした車内とバスとは異なる自然と生活感に溢れる車窓風景を堪能して、3 時間半後に約 200km 離れたエルジンジャンに着きました。列車だったら一日乗車しても疲れないと思います。資源再利用を PR しているエルジンジャン市の広告がありました。

6.21

Erzincan dan Giresun'a döndüm.Bu süre benim güzel tatili bitti.

　エルジンジャンのホテル正面にある公園にて、市主催のイフタール（断食明けの夕食）を行っていました。ここでは、ラマザン期間中、誰でも無料で夕食を食べることが出来ます。しかし、大食漢のトルコの人にとっては、おやつ程度の量のため、その後、仲間と一緒に別の場所でもう一度、食事を食べたり、ショッピングに行ったりする人達を多く見かけました。

　ラマザン期間中も繁盛しているのがチャイエヴェ（茶店）です。ただし、ラマザン期間中は、日中は、カードゲームをするだけで茶

は飲みません。

　トルコの内陸部（アナトニア台地）の典型的な景色である、乾燥した山々と灌水施設によって肥沃な大地となった平野部のコントラストを眺めながら、緑溢れる黒海沿岸のギレスンに戻りました。

　広大なトルコの内陸部は、草原、灌木林や乾いた茶色の台地が続く、森林の無い景色が続きます。私が住んでるギレスンがある黒海沿岸は、日本と同じように森林に覆われた山が連なりますが、こう

した場所は世界的には、決して多くはありません。

6.22

Güzel dağdaki manzarayı bakıp Çamoluk'a geldim.

　3週間ぶりに峠を越えて、チャモルックにやって来ました。途中の標高1800mのキュンベット高原や2200mのエーレベル峠は、初夏の盛りでした。これから8月中旬までの短い夏に全ての花が咲き誇ります。チャモルックでは、市主催のイフタール会場に行き、夕食をごちそうになりました。イフタール会場では、誰でも無料で夕食を食べることが出来ます。25日までここに滞在します。

　トルコの高原のお花畑は、とてもきれいですが、雨が降らないので、わずか2週間ほどで終わり、8月には日本の秋の草原ような景観に変わります。

6.23　遮光ネットの設置

Çamoluk'ta tüm çileği serada ışık koruyucu tabakayı kurdum.

　チャモルックのイチゴハウス3棟に遮光ネットを設置しました。

　これで予定通りに地域の4棟全てに設置しました。

　丹羽SV、児玉SV、コルジャン職員、ベヒザ職員、カドゥール職員そして、各農家の皆さん、ご苦労様でした。どの位の効果があるのかをこれから確認していきます。

　トルコの小型のビニールハウスの屋根は、日本の様な曲線ではありません。これは、日本のような接続器具を使っ

て、簡単に設置、解体、移動が出来るパイプハウスが無いからです。チャモルックのハウスも建設用の直管パイプを曲げたり、組み合わせたり、溶接したりして作っています。このため、屋根の丸みが少ない形になっています。

・・・・・・・・・・・・・・・・・・・・・・・・・・・・・・・・・・・・・・

6.24

Kedi uykusu iyi hava günü, biz kuru fasulye alanında yabanci otlardan kurturduk.

　日陰で昼寝をする猫には、最高の天候の中、インゲンの試験ほ場の雑草を取りました。こちらにとっては、気温30℃を超える炎天下。一部の作業をしただけでクタクタになりました。ちなみにここは、完全有機栽培。雑草は伸び放題、土は硬く、草を容易に抜けません。

・・・・・・・・・・・・・・・・・・・・・・・・・・・・・・・・・・・・・・

6.26

Sabah Çamoluğudaki pınarı baktıp Giresun'a gittim.
Akşam iftarın yeride karagölu seyretmeyi eğlendim.

　山の岩場から吹く出す湧き水を見ながら、チャモルックからギレスンに戻りました。そして、夜、ギレスンの市庁前広場（メイダン）では、盛大なイフタールが開催されており、カラギョル（トルコの影絵）が演じられていました。子供達は、大喜びです。

・・・・・・・・・・・・・・・・・・・・・・・・・・・・・・・・・・・・・・

6.28

Yazın olmansıyı bakarak Çamoluğa gittim.Yabancı otları olmak için el çapasıyı aldım.Ortası resim dünün benim iftarım.

　先週に続いて、チャモルックに来ました。山々はすっかり真夏の装いです。ギレスン市内に先んじて、蝉も鳴き出しました。エゾゼミと似た鳴き声で日本の高原に来た雰囲気です。

明日は、インゲン豆展示ほ場の草取りに再び取り組みます。今日、トルコの草取り農具である「エル、チャパス」を買いました。先週、農家に「これが無くては、話にならない！」と突き放されたので、その効果を確認します。

　この日の前日にイスタンブールの空港で銃撃戦、爆弾事件が発生した。多くのメールが届いたので回答した。
　「ギレスンはイスタンブールから *1000km* ほど離れた地方都市です。今のところテロリスト対策で道に検問を見掛ける事はありますが、テロ事件は起っておりません。
　私も今朝になってこの事件を知りました。今滞在中のチャモルックもギレスンも平和です。」

- -

6.30　インゲン有機栽培の真実

Çamoluğun gücel köyüde çalısdık.

　チャモルックのギュゼル村に出かけ、先週に続いて、インゲン豆の展示ほ場の草取り作業を行いました。もちろん、除草剤を使わずに栽培。実は、チャモルックへ向かう峠道にテロリスト集団がいるとの情報が入り、先週まで３週間現場へ行けなくなっていました。このため、除草作業が出来ず、展示ほ場は草ぼうぼうの状態。２人で草取りする程度ではどうにもなりません。作業終了後、村長宅へ行き、食事をご馳走になりながら、どうにも除草が出来ないという話をしました。そこで、衝撃に事実を知ることに。

　今まで地域の農家の人達は、当たり前のこととして、地域のインゲン豆は、Organik（有機栽培）だと話していました。その農家に草取りが間に合わなくなって草だらけになってしまったと話すと、「除草剤を秋と春の播種前に散布しなければ、草だらけになるよ！他の作物との輪作と合わせて、みんなやっているよ」といとも簡単に助言を受けました。どうやら、ここでは、化学肥料を使わずに、生育

中の作物に直接、農薬を散布しなければ、Organik というようです。私は、この事実を知るのに 1 年以上かかりました。はーあ！

　トルコでは、麦（大麦または小麦）→牧草（豆科）→トウモロコシ→インゲン豆という輪作や家畜厩肥だけを施用して、化学肥料を使わない栽培がごく一般的に行っています。

　しかし、作物の種を播く前に散布する除草剤は、かなり普及していることを今回知らされました。この話をせめて半年前に聞いていたら、今回のような展示ほ場の設計には、絶対にしなかったのですが、外国の現場で働くことはこうしたことの繰り返しなのだと思います。

　化学肥料、農薬は使わない。再利用できないものや天然資材由来でない資材は使わないというのが、世界的に通用している有機農業のルールだと思うのですが、ここではそうで無かったようです。

　トルコでも大産地の有機農産物は、認証機関が審査の上、流通しています。こちらは EU にも輸出しているので、今回のようなことは無いと思います。一方でトルコにはパザール（Pazar）という地域ごとに週に 1 回か 2 回開催される市があり、鮮度が良く、地場の在来野菜が揃うため、消費者に人気があります。この農産物の多くは、生産者自身や地域の農産物を集荷する業者が有機農産物として販売しています。ここで販売しているものには、除草剤を使っているものが、かなり含まれている気がします。

　中心産地で無いところでは、農家は自分たちの常識（思い込み）の範囲で解釈しています。生産物を買う人達も仲間だから特に問題は生じません。知らなかったのは、私達だけのようです。

7.13

Evim pencereden güzel akşamı manzarayı eğlenerek Thailandalının makarnayı yiyorum.

今日から日没は、黒海から半島へ移動しました。この美しい夕日を自宅から見られるのも、あと1ヶ月くらいです。その後は隣の県庁に隠れてしまいます。
　7月上旬に旅行したフィンランドで入手した大人気のタイのインスタントラーメン「mama」を賞味しながら堪能しました。移動規制がかかって、現場へ行けない日々が続きますが、しばらくはギレスン生活を楽しみます。

5　クーデター未遂事件から
　　最後の活動打ち合わせまで
2016.7.15 ～ 2016.10.31

7月15日　クーデター未遂事件

　2016年7月15日にイスタンブールおよび、アンカラにて発生したクーデター未遂事件は、その後の活動に大きな影響を及ぼした。非常事態宣言が発令された後、4日間は自宅待機命令、つまり外出禁止となった。アパートから一歩も出られないだけで無く、携帯電話、インターネット、衛星放送などの通信手段やメディアは規制され、一時は情報を得ることが難しくなった。トルコのテレビ番組は、どの放送局もクーデター関係のニュースとなり、日常的な情報源としていたNHKワールド（NHKの英語国際放送）は頻繁に受信障害が発生して、視聴に耐えられない状態になった。

　自宅待機が解除された後も県外への移動は制限されたが、幸い、チャモルックは県内なので、間もなく出張が可能になった。しかし、チャモルック市長は、クーデターを支持した疑いで解任され、警察に身柄を拘束された。予定が近づいていたインゲン豆フォーラムは、開催が危ぶまれたが、地域の関係者の努力で実施された。私達、SVが1年以上かけて築いてきたチャモルックの人達との信頼関係が円滑な活動を支え始めてきた。

7.17

Evim pencereden manzarasının tüm normal. Ama…

晴天快晴のギレスンです。いつもの休日と変わりなく、元気に暮らしています。

街の景色も人々の動きもふだんと何一つ変わりません。しかし、JICAからの緊急連絡により、外出禁止、自宅待機となりました。

確かに、昨日のTRT（トルコ国営放送）からの映像は、イスタンブールの橋を占拠した戦車を一般市民が攻撃する。アンカラ市内に戦闘機が超低空で飛行するという、まるでＳＦ映画のシーンのよう。まさに非常事態の国、そのものの状況でした。私の携帯にも共に行動することを呼びかけるエルドラン大統領からのメールが届きました。トルコ国営放送以外のテレビやインターネットは、非常に不安定なため、詳しい状況が分かりませんでした。これも貴重な経験です。

私自身、しばらくしてから日本のＮＨＫの国際放送（英語放送）が映るようになり、実情がわかったような状況でした。

トルコは、イスラムがどの様にして世界に理解され、拡大していくかを試されている場なので、これからも様々なことが起こると思います。願わくば平和に向けての活動であって欲しい。でも、ギレスンにいるとＴＶの画像から見えるニュースがまるで外国のように感じられます。

大統領が直接、携帯電話のSMSを使って国民に行動を呼びかけましたが、ギレスンでは、保守党（AKP）の事務所付近に多少の群衆が集まった程度です。

しかし結局、明日も自宅待機となりました。アンカラやイスタンブールの状況を日本の本部が判断して決めるので、当分続く予感がします。ギレスンの状況は判断材料にはなりません。

ギレスンでも、今回のクーデター未遂事件で軍部と警察で拘束された人が出た様です。ヘリが何度も飛んでたのはそのせいでしょうか。

不安分子を除去するのが、当面の最大の行動でしょう。全国規模では2745人、内、軍の将校500人以上。ギレスンでは合計10名を

拘束されたとの報道があります。街は平和ですが、配属先の事務所に行って、トルコ人の討論や熱い意見交換に巻き込まれたら危険です。今回の事件によりEU加盟が遠ざかったという論調があります。

　しかし、EU加盟については、トルコは既に様々なEUの制度や補助金を導入しており、貿易上もロシアや中国やアラブ諸国との関係もあるので、そんなに固執していません。グルド人については、国内に当たり前に住んでいる人達なのですが、PKK（グルド解放戦線）の様な民族としての権利を主張する勢力は、反社会的なので、抹殺しようというのが現政権の考え方です。

　7月15日にイスタンブールにて発生した軍隊内の反政府勢力によるクーデター未遂事件では、4日間の自宅待機が続いた。そして、エルドアン大統領は非常事態宣言（戒厳令）を発令した。この戒厳令により、クーデターに関与したとされる多くの軍関係者、教職員、市長を含むその他の公務員が解任、解雇、逮捕された。

　私達も任地から県外への移動が大きく制限された。幸い、チャモルックへの出張は認められたため、活動中止の事態は避けられた。

7.24　子供達と日本の手遊び

Çocukları teknikli transfer yapıyor. Şimdi üç tane bittim.

　折り紙とともに、子供達に日本の手遊びを教えています。

　驚くほど、すんなりと覚えていきます。それもそのはず、多くの手遊びは、トルコにも似たものがあるからです。

　オチャラカホイ。お寺の和尚さん。ズイズイズッコロバシは、ほぼ習得しました。私は、トルコの手遊びを教えられています。

　ところで、夏には黒海で泳ぐ人がいますが、水温が低いため余り多くはありません。ちょっと泳いで、あとはひたすら甲羅干し。浜辺でビーチバレーを楽しむ、といった人が多いです。リゾートホテル周辺のビーチには、水着の女性もいますが、ほとんど都会からやって来た

観光客です。地元の女性は水着を着ないで水辺で遊んでいます。

7.25　1ヶ月ぶりのチャモルック

Bir ayın geçmekten sonra çamoluk'ta geldim.Hepşi biraz farkır.

　ほぼ一ヶ月ぶりにチャモルックに来ました。ユクセルさんは、イチゴを抜いて、他の野菜に植え換えてしまいました。「やはり、いちごでは金にならない」非常に明確な理由を突きつけられました。インゲン豆の展示ほ場は、すっかり雑草で覆われてしまいました。

　しかし、他のイチゴハウスの生育は、前回よりも改善されており、ハウスを黒色ネットで遮光している効果は確実に出ています。チャモルックへ行く頻度が制約されている今は、改善されている点を中心に見ていこうと思います。

7.26

Sabah dan öğle kadar fasulyeyi yetişirmek için de çalıştık sonra arkadaş larım buğday ünü yapmak için de çalıştı.

　インゲン豆展示ほ場の灌水と除草作業をしました。インゲン豆は雑草で覆われてしまいましたが、日本から種を持参した花豆と大豆が生育しているので、灌水をしました。

　灌水は、用水から水を引き、全面的に行うことが出来ました。大豆は順調に生育しています。

　夕方、宿舎の敷地内で隣の農家が小麦の製粉作業を行っていました。大きな鍋で十分に茹でる→湯上げして水を切る→広げて水分調整する→臼で粗挽きする→乾燥→袋詰め（製品）自家用（一族の消費用）だそうですが、大変な量でした。茹でてから乾かして、水分調整してから、別の場所で臼でひいて、再び乾かして、完成するようです。結構、粗挽きです。

7.27　立体栽培

Gölgelendirme diresi（sun shine shade net）çok faydar！

　6月中旬にイチゴハウスに設置した遮光ネットが、効果を発揮し始めました。ハウス内の最高温度は、未だに35℃を超えますが、とても乾燥しているこの土地では、50%遮光されたハウス内では、あまり暑さを感じません。弱まっていたイチゴの生育がかなり改善されてきました。各農家が効果に確信を持ち始めているので、大丈夫だと思います。

　昨年の生育状況を見て、自信を持って提案し、農家が実施に合意した技術なので、とても嬉しいです。

　チャモルックの山間部の村では、農地が限られるため、複数作物の立体栽培を行います。同じ畑にトウモロコシ、インゲン豆、キュウリなどを一緒に栽培します。畑の中がこみ入ってしまっても乾燥した気候のため、病気は発生しません。リスク分散と共に、光と水を上手に分け合う栽培方法です。

　また、周囲のはげ山には、乾燥と低温に耐えられる耐乾作物が生育しています。ゲベンもその一つです。松葉が地面に張り付いた様な生態です。1年間に1cm位しか成長しませんが、花や花粉が多くの虫（蜂を含む）の餌となります。

7.31　トルコの豆

Her şey sağlık için çok güzel !

　鍋で炊いているのは、豆、麦入りご飯です。最近、これにはまっています。半日かけて、しっかり水を吸わせておけば、たった20分で炊きあがります。標高2200mの峠では、乳製品、ハーブや野菜を直売しています。そして、トルコが誇る蜜蜂。多くの街が特産の蜂蜜を自慢にします。また、トルコでは、インゲン豆を筆頭にうずら豆、レンズ豆など、様々な豆を食材に使います。ただし、大豆や小豆はありません。

　トルコは、カナダに次ぐ、世界第2位の蜂蜜生産国です。品質が高い蜂蜜でも1kg40TL（1500円位）で買えます。安いものは、その半額くらいです。

日本への一時帰国

　8月7日から15日迄、日本に帰国した。昨年8月に無くなった祐輔の一周忌を行うことが主な目的だった。

8.8

Benim oğulum öldüktan sonra bir yıl geçti.

　昨年の8月10日に亡くなった三男、祐輔の一周忌を行いました。高校の吹奏楽部の演奏会と重なった隆行以外の家族が全員揃い、温泉に泊まり、思い出を語り合いました。

8.10　活動報告会

Açık Üniversitesinde Giresun hakkında bir konferans verdim.

　放送大学の群馬学習センターにて、ギレスンにおけるシニアボランティアー活動内容について、講演会を行いました。

20年来の共に学び続ける仲間や多くの学生が集い、楽しいひとときを過ごしました。打ち上げでは、さしみや豚肉などトルコでは、食べられないものをタップリ賞味しました。

　企画、運営をしてくださった生物部と河合ゼミの方々、本当にありがとうございました。

　次回は、任期終了後の3月下旬に行います。

8.11

Eski işi arkadaşım eve gittim.

　埼玉県庁農林部にて、専門技術員をしていた時にお世話になった先輩の自宅へ家族で遊びに行きました。先輩は、群馬県沼田市の山里に住んで10年。野菜は、ほぼ自給しているとのこと。本当に尊敬します。

　私も10年後に国際協力のプロになることを目指して確実に歩みを進めていきます。

8.13

Yusuke'nin arkadaşlar benin eve geldi.Onun çocuklar çok tatlı ve canlı.

　祐輔の幼なじみや高校の友人達が家族と一緒に訪れてくれました。同級生の元気な様子や可愛い子供達を見て、祐輔も喜んでいると思います。

　夜は、家族で吹奏楽部の部長を無事に終えた隆行の慰労会を地元の温泉で行いました。ご苦労様！あとは大学受験だ！

8.16

Dünyanın her yeri aynı.
World wise standard.

世界中、どこでも人々は、スマホに夢中です。平和な証拠です。トルコに戻って、この光景を見るとほっとします。

もうすぐ、ギレスンに向けてフライトです。早く黒海が見たい！

8.20

Fındık başkent başlayor.

　ヘーゼルナッツが収穫期を迎えました。海岸沿いの広い歩道は、間もなく、ヘーゼルナッツの乾燥のために埋め尽くされます。今年は残念ながら、冬の大雪の影響で不作なのですが、生産者は価格上昇に期待して作業を進めています。昨年は1kg当たり約500円でした。兼業農家の平均生産規模１ha当たりの収穫量は、平均１tですので５０万円の収入です。

　干しイチジクもトルコの輸出農産物の代表格です。イチジクは、日本と違い、生ではあまり食べません。たまに売られており美味しいが、結構高い。乾燥イチジクは、一年中、お手頃価格でどこでも売っています。

8.22

Kuru havanın çamoluğa geldi.

　高温多湿のギレスンから、３週間ぶりに内陸の乾いた気候のチャ

モルックにやって来ました。こちらも日中は、気温が高いのですが、汗ばむことが無いので、とても楽です。

　途中の峠の麓のタンデレ（Tandere）村では、山の稜線上に広がるオバス（Obası＝夏期の家畜の放牧や避暑に利用する村）や手ごろな価格のホテル（1泊素泊まり、約600円）の1室を見ることが出来ました。

8.22　チャモルック市長が身柄を拘束される

Çamoluk başkanile kuru fasulye hakkında paneli sergiledik.

　丹羽SVがチャモルック市長に、インゲン豆の地理的認証制度の効果や認証後の活用方法について、まとめたパネルを説明した結果、庁舎内の市長室へ向かう階段に展示をすることとなりました。9月23日には、各村長をはじめとするリーダーを参集して、研修会を行うことも決まりました。

　ところが、話し合いをした、その夜に市長は辞任しました。そして間もなく家族と共に、警察に身柄を拘束されました。クーデターとその後の戒厳令の意味を痛感する出来事でした。私の身近は表面的には平和ですが、トルコの社会は、私がかつて体験したことのない特別な状況下にあります。

　ここは、シリア国境からも遠く、クーデターの影響もイスタンブルやアンカラにくらべ明確で無い、静かな地方都市です。理解できる情報が制限される外国人には、トルコが置かれた状況は良くわかりません。おそらく、日本に帰国して、数年経ってから「トルコにとって歴史的な、あの時期に現地で暮らしていたんだ」と思い出すのでしょう。

8.24

Yeni serasında çileği toplamaya başlanıyor.

　今年の3月にJICAの予算にて、新たに設置したハウスで栽培し

ているいちごの収穫が始まりました。本年は、株の養成をしてきた
ため、これから 10 月上旬までの短期間の収穫になります。しかし、
来年度は 5 月から 10 月までの長期収穫を目指します。

　栽培農家のドゥスンさんの甥姪（おい、めい）が勢揃い！

　いちごの花は咲き始めましたが、収穫はまだほんのわずかです。
　ドゥスンさんのイチゴについては、ハムシの食害が多く、最初に
ついた果実は、ほとんど収穫できませんでした。ようやく、食べら
れるようになった状況です。今年は販売できるものは、ほとんど無
いと思います。まずは、家族にたっぷり堪能してもらいたいです。

8.30

Bugün, benim küçük arkadaş doğum günü oldu.Akşam birlikte oynadı
ktan sonra, bana bir keki verdi.Ben de mutlu ordım.

　いつも、一緒に遊んでいる同じアパートの子から誕生祝いのケー
キのお裾分けをいただきました。昼間飲んだトルコココーヒーも美味
しかったけれども、ケーキは、本当に幸せな気持ちになりました。
エフレム、ありがとう！
　カラフルな色の小石のような形のチョコレートです。苦みの効い
たトルコココーヒに、とても合います。

9.2　　いちご栽培パンフレット完成

Çilek yetiştirmek için broşürü yaptım.

　昨年の 5 月からチャモルックのハウスいちご栽培農家を巡回し
て、観察、聞き取り、試行錯誤したことを栽培指導資料として、ま
とめました。イラストは、全て同期の岩佐 SV の作品です。合計
300 部作成し、チャモルックの農家や農業関係者に配布します。
　これからは、この資料で体系的に説明できるので、効率的に農家

に夏イチゴのハウス栽培指導が出来ます。

　文字を出来るだけ少なくしたかったので、イラストを工夫しました。

　こちらのイメージ通りのイラストを岩佐さんが書いてくれるので、作ることが出来ました。

　ちゃんと仕事をしていますので、ご安心下さい！

（巻末資料「いちご栽培資料」）

9.4　　子供達とピクニック

Çocuk arkadaşlarile piknik yaptık. Bitikten sonra birlikte Origami yaptık.Herkes çok eğlendik.

　いつもに比べて、早い時刻に子供達が誘いに来たので、何かな？と思いきや、裏庭にピクニックの用意がしてありました。今まで折り紙を教えてもらったり、土産をもらったりしたので、今日はご馳走をしたいとのこと。みんなでお金を出し合い、お菓子と飲み物を買いました。子供達のアンネ（母さん）からは焼きたてパンの差し入れがありました。トルコに来て一番、うれしい出来事でした。

　折り紙は、アパートを訪れた大人に子供達が教えていました。ここでの技術移転は、完了です。

　トルコの子供達は、とても素直で付き合いやすいです。親がとにかく無条件に可愛がることが、その原因だと思います。日没が遅い今は、ギレスンにいる時は、ほぼ毎日、遊んでいます。ところが、トルコの子供達は、9月下旬に新年度が始まると、平日はほとんど外遊びをしなくなります。その原因の一つは複式授業です。小学校や中学校は、教室や先生の数に比べて生徒が多く、2部制で授業をしているところが少なくありません。このため、早朝から昼間での生徒と午後から夕方（6時頃）までの組に分かれてしまい、平日は子供達が帰宅後、集まれなくなります。また、11月以降は、サマータイムも終わるため、4時半頃には外は真っ暗になります。

9.6

Çamoluğa gittikten sanra kaymakan Beyle kuru fasulye forumu hakkında konuştık.

　２週間ぶりに峠を越えて、チャモルックにやって来ました。こちらは、すでに秋の気配が漂っています。さっそく、９月２３日に開催するインゲン豆フォーラムについて、チャモルックの行政管理官（カイマカン）と話し合いました。明日は、市長と会う予定です。

　トルコではインゲン豆は、1kg 当たり、５〜 15 トルコリラ（180 〜 540 円）で売っています。産地、品種、品質により大きな価格差があります。国民食的な食材です。

9.7

Çamoluk'ın yeni başkan'a tanıştıktan sonra seradaki çilek yetiştirmek içinde köylere gittim.

　チャモルックの新市長に挨拶をした後、ハウスいちごの栽培管理、生育・収穫状況を確認するため、４つのハウスを巡回しました。

　今春、新たに苗を植え、初夏についた花は全て摘み取った、ドゥスン氏とバイラン氏のハウスいちごは株が成長し、新たな花が着き収穫が始まりました。９月末まで収穫し、その後は冬越しのための作業に移ります。

　標高の高い村では、インゲン豆の収穫が始まり、乾燥作業を進めています。これから約１ヶ月間収穫が続き、10 月末まで乾燥・調整作業が続きます。

9.7　タクシーで現地巡回

Bugün de taksiyle köyüye araştırmaya gidiyorum. Bence Ekim başından bu alanın kuru fasulye toplamayı başlacak.

　今回の現場活動中は、現地の公用車が急遽、地域の警備用務に使用されることとなったため、タクシーにて移動しました。

　農家に電話してアポイントを取り、タクシーを借り上げ、距離と拘束時間により価格交渉し、道順を指示して農家やハウスや畑に行きました。一年５ヶ月も経つと慣れるものだと我ながら関心しています。

　昨日は、現場を巡回後、運転手の方が自宅で昼食をご馳走してくれました。イレギュラーの中にも楽しいことは起こります。

９.９　　謝肉祭

Giresundaki güzel bir günü kurban bayram için herkez çabuk hazırlayor.

　ギレスンは、濃紺の世界が空と海に広がっています。この素晴らしい天気のもと、９月 12 日から始まる謝肉祭（kurban bayram）のメイン行事である、家畜をと殺し、肉を捧げ、感謝するための準備が進められています。家畜の種類は、牛、緬羊、山羊です。

　肉は、注文した市民に販売される他、貧しい人には無料で配布されます。ただし、最低注文重量が２kg のため、一人暮らしの私には、手が出ません。

　村々では、それぞれの農家が飼育している家畜の一部をと殺し、親類縁者で分け合います。ふだんは遠くに住む家族も故郷に戻り、一緒に感謝し、味わい、楽しみます。この行事は、イスラム教の全ての国にて行われます。

　実は通常の注文単位は、牛は１頭の 1/20（一つ当たり 15kg くらい）、羊は 1/7（一つ当たり 5kg くらい）です。小口特別仕様が 2kg です。こうした予約金も貧しい人への支援資金源になります。

９.11　　エーリベル峠のロッジに宿泊

Dereli'daki Eğribel Geçidi'den Garga Deresi yaylasıya yürüyerek gittim.Arkadaşlar da oraya gelimiş

謝肉祭９連休がスタート！。

さっそく、ギレスンから約80kmのところにあるエーリベル峠の直下にあるロッジにシニアボランティアーの仲間と共に泊まり、周囲の山を登りました。

標高は約2500m。はるかに広がる標高2000mから3000mの高原放牧地帯（ヤイラ）と家畜の管理のため、夏期４ヶ月間のみ住む村々（オバス）を見渡していると、トルコの人々にとって山々が、有史以来の生活基盤であることが見えてきます。

事務所のハイダル部長にロッジの前で偶然に出会い、びっくり！

峠周辺の地形は穏やかですが、すぐそばに見えても３〜４km離れているので要注意です。気温は、さすがに朝晩は、0℃近くまで下がります。日中は、20℃以上まで上がります。全ての山が放牧地なので、家畜の糞を餌にするコバエが飛んでおり、汗をかいた顔に時折たかります。

ロッジは1泊素泊まり、なんと30TL（約1100円）です。各部屋に水洗トイレとシャワー（水ですが）まで付いています。3食、肉をふんだんに食べても、1人100リラ（3600円）しか、かかりません。

- -

9.18

Yaz geçemiş şimdi herkes kışa hazırlık yapıyor.

トルコ黒海地域の沿岸や山間地の夏は、実にあっさりと過ぎ去ります。謝肉祭が終わるとすっかり秋に季節は移ります。農家は、牧草を貯蔵したり、家畜を夏を過ごす山の村（オバス）から冬越しする里の村に移動する準備を始めます。木材に乏しい地域の村では、家畜の堆肥（わらと混じった厩肥）を乾燥して燃料を作ります。空も山も海の色も変わってきました。

- -

9.21

Sonbahar gelmiş.Çilek seradan gölgelendirme filesi çıkarım.

チャモルックは、すっかり秋になりました。遮光（日よけ）ネットを外して、イチゴに日光をタップリと与えてあげます。ハウス内の最高気温は30℃近くになりますが、最低気温は0℃近くまで下がります。10月に入ると冬越しのためのイチゴ株の整理を始めます。

- -

9.22　ドゥスンさんのハウスが修理される

Sera Çileği projesinin Dusun Bey'in sera şuanda problem yoktır. Yarın Çamoluk daki gölpark'ta Çamoluk kuru fasulye forumu yapaceğiz. Biz herkes orada köp aldık.Çok temiz oluyor.

JICAの資金を活用したイチゴ栽培プロジェクトにて、今年の3月に設置したドゥスン氏のハウスは、サイドビニールの巻き上げパ

イプの不備のため、自由に開閉が出来ない状況で栽培を続けてきました。

　しかし、遂にドゥスン氏が溶接器具を準備して、鉄管に穴を開け、ねじを取り付け、作動するように修理しました。母親の病気の看病等もあり、通常の管理が困難な時期もありましたが、何とか寒気が到来する前に間に合いました。応急修理を続けてきた私も一安心！

　明日は、いよいよインゲン豆フォーラムが行われます。一年近く、準備を重ねてきた行事なので、成功を期して、SV全員で会場のゴミ拾いを行いました。

9.23　インゲン豆フォーラム

Çamoluk'ta kurufasulye forumu yapmış.Çiftiler 120kişi insanlar gelmiş.
　チャモルックのインゲン豆フォーラムを開催しました。カイマカン（行政管理者）からのSVの活動を含めた挨拶、CPのコルジャン職員と丹羽SVの地理的認証制度に関する講演、ハウスいちご栽培資料の配付と展示、折り紙など日本文化の紹介、インゲン豆の成分分析結果の報告、インゲン豆カレーの試食、地元産の新年産インゲンを使った料理の昼食と盛りだくさんの内容でした。関係者の皆さん、本当にご苦労様でした。120名もの参加者があり、大盛会でした。

チーム派遣の先発メンバー２名は、１２月いっぱいが任期なので、このイベントがチームとしては、集大成といえると思います。

　今日は、途中から雨風に見舞われたため、展示物を撤収しました。しかし会議は無事に行われ、参加者の皆さんは日本文化、特に半被の試着で盛り上がりました 。

　今回のイベント開催により、トルコの人達のことがまた一つ見えてきました。

　①ギリギリまで準備はしないが、始めると１時間足らずで全て仕
　　上げてしまう。

　②リハーサルをしなくても何とか形にする。

　③農業者は具体的な内容の話や食べ物・衣類など現物に関心が高
　　い。

　大陸で色々な民族や国家と切磋琢磨しながら生き抜いてきた人たち。何事も計画通りに進まない長年の歴史が、土壇場で帳尻合わせするのに長けた国民性を形成したようです。私達、日本人は彼らの土壇場のスピードにはついて行けませんので、事前準備を自分達のために行う重要性を改めて感じました。

水道管の破裂事件

9.26

Dün gece evim su borusu kırıldıktan sonra çok zol oldum. Bugün öğleden sonra mayısta sipariş alman çamoluk'ta kuru fasulyeyi kücük paketile arkadaşlara satıyorum.Herkes gelip bekliyor.

　昨夜の深夜、バスルームの洗面所の蛇口をひねると突然、水が滝のようにあふれ出し、一面、水浸しになりました。その後、２階下の部屋まで水は漏れていき、アパートは大騒ぎになりました。30分後に管理人が元栓を止めましたが、隣人に大変な迷惑をかけて

しまいました。落ちていた蛇口を見るとネジがポッキリと折れていました。別の水道の栓にも多量の漏水の後がありました。

今回は、洗面台はおろか、室内のどこにも元栓が無いこの家の配管構造を本当に恨みました。隣人は、私が蛇口を閉めずに、水を出し放しにしたと思っている様子。管理人（kapıcı）も今回の状況には、あきれていました。あり得ないっていう感じです。

先ほど、無事に直りました。ただし、アパートの内階段から壁に大穴を開けて、応急修理をしました。これから、どうするのでしょうか？

9.27　トルコ人の力わざ

Su borusu kırıldılığı tamir etti.Şimdi su geliyor.

　水漏れの工事が終わりました。室内外からドリルで壁を崩し、腐食した配管を交換するという大がかりなものでした。

　しかし、工事が完了して、通水するとトイレ内で再び、放水発生！トイレ内にあった使わなくなっていた配管の末端から水が噴き出しました。末端が壁に差し込んであり、そこから、壁の間に多量の水が溢れていました。この配管の反対側にある洗面所のノズルが壊れて、水流が急激に変化したため、何とか少量の漏水で持ちこたえていた、この末端のパッキンが壊れてしまったというのが、今回の真相では無いかと推測します。室内工事の片付けは、自分でやるのが、ここでの流儀のようなので、これからがれきを片付けします。

この力わざがトルコ流です。物事を行う時には、ギリギリまでしませんが、いったん始まると短時間で仕上げてしまいます。このスピード感は素晴らしいです。日本人にはまねが出来ません。計画や準備には時間をほとんどかけません。世の中全体が仕上がりの精度をあまり求めません。ですから、勤務時間が短くて済みます。

じっくり計画して、丁寧に準備をする人は仕事が出来ない！と考える傾向が有ります。

「ギリギリだけど間に有った」っていうのがカッコイイという風潮があります。発表などを準備していても、当日、急遽取り止めがあるので、準備しない気持ちもややわかります。

おそらく、どうすれば、もっと品質やサービス（特にアフターケアー）が向上するのかを国民全体が考え始めた時に、トルコは先進国に向かうのでしょう。

いっぽう、日本は、実施者にもっと判断決定権を与え、直接、品質やサービスに関係のない内部説明のための無駄な時間や労力を減らせば、勤務時間とストレスが減って、もっと豊かな国になると思います。

9.29　虹

Gökkuşağı gibi kuru fasulye coğrafi sertifikası işareti. Bugün Ankara'ya gittikten sonra arkadaşları gösterim.

昨日、ギレスンにて遭遇した見事な虹。虹のようなデザインのチャモルックのインゲン豆の地理的認証マークをアンカラの会議にて、仲間に紹介しました。

事務所の女性職員が感動して声をかけてくれたので、写真を撮ることが出来ました。私の部屋からは、見えませんでした。

（口絵写真「14. 黒海にかかる虹」）

10.5

Sonbahar gelmiş herkes toplanmaktan sonra mutlı oludır.
Çamoluk'ta son bahar geldi. Çok güzel çilek, kuru fasulye, soya fasulyesi ve muhteşem sahne tarafından hayran oldum.

 チャモルックでは、春に栽培を始めたハウスイチゴの収穫が続き、インゲン豆の収穫が進んでいます。

 現地の職員に日本から持参した種を渡し、家庭菜園にて栽培してきた大豆の莢がふくれてきたので、枝豆にして食べてみました。予想通りの大好評！

 冷蔵貯蔵している種があるので、来年も栽培してもらいます。

チャモルックの農業灌水

 年間降水量が500〜600mm（日本の1/3から1/2）ほどしかない地域ですから、自然の降雨では作物栽培は難しい。湧き水があるところに人が住んで村々が出来上がっていますので、沢水を使った自然流下式の灌水が多い。道路網が出来上がってから開けた新しい村や町の周辺には、川から用水で引いているところが多い。段差がある

場所では、ポンプで揚水してタンクに貯めて灌水している。地下水をくみ上げているところは、見かけない。

地中海沿岸旅行

10.8　アンタリア

Güzel akdeniz deki Antalya !

　地中海沿岸のアンタリアを旅しています。海の色は淡く、水は透きとおり、皆、水着で楽しんでいます。街全体が観光客で溢れており、とても華やか！

　歴史的な観光拠点は、城内にまとまっている。

　トラムで初めて訪れた人も安全に簡単に移動できる。トルコ人はもとより、ヨーロッパやアラブ地域から多くの人達がやってくる理由が良くわかりました。

10.9　バナナの産地・メルスィン

Akdenizdeki yolun otobüsle gittim. Portakal Nar Muz Zeytin Pamuk Sesami her şey çok güzel ! Sera muzun da çok fazla var.

　トルコを代表する園芸産地の地中海沿岸地域。オレンジ、ザクロ、バナナ、オリーブ、いちご、トマト、キュウリはもちろん、綿花、ゴマなど、あらゆるものが栽培されています。

　アンタリア周辺は平野ですが、一歩そこを出ると険しい山と海に囲まれた日本と同じような閉ざされた土地が点在します。そこでは、温暖な気候を活かして、バナナの栽培が盛んに行われています。

　限られた土地を覆い尽くすように林立するハウス栽培にびっくりしました。

　1kg わずか 50 円で買えるバナナの味は最高でした。ギレスンではこれが 4、5 倍になります。

　20、30 年前ぐらい前はトルコでもバナナ栽培が行われておらず、

高かったそうです。その後、トルコ国内で多く栽培されるようになったそうです。トルコはバナナの関税を残して、国内の産地を育てています。大規模の産地が育っているとなると簡単に関税を下げるわけには、いかないのでしょう。

10.9 アダナはアジア的

Türkiye'nin güney bölgesi bence Asya'ya daha yakın.

　アダナにやって来ました。地中海沿岸を東に向かい、旅をしているとギレスンに比べて、よりアジア的と感じるものに接します。家族4人が1台のバイクで出かけたり、黒髪の人が多く目立ったり、手間のかかる細かな創作を見かけたり。刺激的で暑かった旅も終わり、明日は涼しいギレスンに戻ります。

10.10

Güzel bir tarımısını bölgesi Antalya'dan sever şehirim Giresun'a dünü yorum.

初めての地中海沿岸旅行が終わり、ギレスンへの帰路についています。アンタリアを中心とする地中海沿岸は、果樹、野菜のみならず、あらゆる園芸作物が栽培されている大農業生産地域でした。

　それにしても平野を埋め尽くすハウス群は、世界規模の産地の活力に満ちていました。しかし、一歩、山間地に入ると乾燥した国土が広がります。

　用水を確保して乾燥地帯で病害虫を発生させずに果樹、野菜を生産するという世界的な効率的園芸産地の実態を痛感しました。

10.13　幼稚園の 400 の瞳

Giresun'daki Fındık yurdu anaokul'da çocullarıla oynadık.Çok eğlendim ama biraz yorugunum.

　配属先の職員の友人が勤務している幼稚園に行き、子供達と一緒に遊んだり、折り紙作りを教えたりしました。事前に子供達は 23 人くらいだと聞いていたのですが、現地では午前部、午後部の３歳から５歳までの全ての園児、延べ 200 名以上と接することになりました。楽しさも疲れも爆発！でもとても貴重な体験でした。

　実は、初めて紙を折る経験をした子供達ばかりだったので、チューリップを作るのも大変でした。特に午前の部では、子供達に凝視されて、私達は動物園の珍獣状態でしたので、なかなかスキンシップには至りませんでした。慣れてくると変わりましたが。

　大きな部屋に次から次へと子供達が入ってきて、最終的に 100 人を超える人数になりました。200 以上の目が初めて見る不思議な外国人を凝視する様は、なかなかの圧迫感がありました。子供達が騒ぎ出したら、その気配は消えました。

10.16

Yağmur bittiktense sonra Gİresun'kaleye gittim.

　小雨が上がった土曜日の午後、小高い丘の上にある古城を訪ねました。ギレスンに一年半も住んでいるのに、ここに来たのは6回目。
　秋は、初めてです。ここではギレスンの全ての景色が楽しめます。

10.18　活動ビデオ撮影

Çamoluk'ta sera çileği üretimiyle ilgili anlatmak üzere vedeoyı çektik

　チャモルックにおける温室イチゴ栽培指導の活動について、配属先の広報活動としてユーチューブにアップすることとなりました。
　今日は、そのためのビデオをSV、現地職員と農家が一体となって撮影しました。完成したら、皆さんに紹介します。ただし、全てトルコ語です。
　残念ながらこのビデオは、SVの安全確保の観点から没となり、公開されなかった。

10.19

Biraztan sonra Çamoluğa kışın gelecek. Çiftlerile çilek fidesi sökümü yaptık.

　もうすぐ、チャモルックには寒い冬が訪れます。冬期間には無加温のハウスの中は、夜間は氷点下10℃以下、一方で晴天時の日中

には 25℃以上になります。激しい温度変化により、いちごの株元や葉と葉の間の水分が凍結と融解を繰り返して、苗が腐敗し、枯れてしまいます。この被害を防ぐため、株の整理を進めています。

　夏の間に大きくなってしまったいちごの株の中の若い部分のみを残して、通気性を大幅に向上させます。イチゴの株が乾いていれば、夜間に表面が凍結しても被害はありません。この時期に行えば、整理に伴うダメージは 11 月いっぱいで回復し、氷点下が続く 12 月から 2 月には安心して越冬させることが出来ます。

10.22　　アンカラから SV 仲間がやって来た

Hava açık bir günü Arkadaşlarıla kümbet yaylasıya gittik.

　晴天となった土曜日、丹羽 SV 夫妻とアンカラから来ている SV 2 名（松原さん、小山さん）と共にキュンベット　ヤエラ（高原）に行きました。素晴らしい景色を見ながらの散策、肉料理、チャイを堪能しました。自生しているサフランの花が牧草地に彩りを与えていました。

10.21

Ankara'dan gelen arkadaşlarıle evim yakınısı parkta köp aldık.

　ギレスンの岩佐 SV、アンカラから来た松原ＳＶおよび小山ＳＶの３名と一緒に昼休みに海岸沿いの公園のゴミ拾いをしました。青い海と空のもと、気持ち良い汗をかきました。

　以前はゴミが目に付き、目立たなかった花もきれいに見えるようになりました。蝶々もとんでました。折角の公園、お菓子タイムもいいけれど、遠くの海ばかりではなく、お花や蝶々も楽しんでほしいです。

10.28　黒海の味・ハムシ

Hamısi ! Hamısi ! Benim seven balık hamısi !　Benim tarafınmdan yenemeyi bekliyor.

　黒海の冬の風物詩！ハムシ（カタクチイワシ）が、いよいよ本格的に出回ってきました。暖かいマルマサ海から回遊し、冷たい黒海で鍛え上げられたハムシは、脂がのって最高のご馳走です。目の前で穫った魚ですから鮮度は最高！

　500g（約50匹）を5TL（約170円）で買い、一気に調理しました。「私をお腹に連れてって！」とささやいています。

　黒海はこれが、勝負飯です。

　今回は、日本から持って行った煮干しと一緒に煮詰めました。東西のカタクチイワシがどのような共演をするのか楽しみです。

　ここで煮干しが作れれば最高なのですが、冬季の湿った気候と集中暖房の煙で煤けた夜の空気の元では到底、不可能です。残念！

10.31

Ekim'in sonun günü, sonraki beş ayın faaliyetim için toplanı yapıyoruz.

　秋が深まる10月最後の日、これまでの活動成果と残る5ヶ月間の活動計画について派遣先のハイダル部長と話し合いをしました。

　これから新たに2種類のパンフレットを作成すること、イチゴハウス設置を補助する新規事業の導入に向けて農家への推進活動をすること、チャモルック産インゲン豆を来年以降も職員が購入できるようにしていくこと、来年2月にチャモルックにて最終活動報告を行うこと、などが合意されました。

最後の活動打合せ（残り5ヶ月）になり思うこと

1　ボランティアー活動

　赴任先における職員やアパートの隣人とは、すっかり慣れて、安定した生活が続いている。チャモルックにおける現地活動の頻度や実施方法は、ほぼ定着した。主に接するトルコの人達は、ほぼ固定している。職場ではSV同士で日本語で話す機会が多く、トルコの職員との会話は、一日あたり1時間未満である。このため、トルコ語はあまり上達していない。しかし、相手が私の言いたいことを察したり、トルコ人の知り合いが私に代わり説明するため、トルコ語の生活に不安は感じない。ハウスいちご栽培関係では、JICAの予算での新設を合わせた4戸の農家を月に2回のペースで巡回し、温度変化や栽培・収穫状況を確認し、暑熱対策と越冬対策を中心に指導した。新設ハウスは、一部に破損が発生したため、応急修理を行った。また、現地で取り組んでいる2年連続栽培法をイラストでまとめたパンフレットを作成し、活用している。

　暑熱対策として、4戸のビニールハウスの屋根を遮光率50%の黒色ネットにより、6月上旬から10月上旬まで被覆した。昨年度、猛暑時は42℃を超えた最高室温が本年度は37℃以下に留まった。越冬対策は、成長し混みいった株の整理を9月下旬から11月上旬にかけて進めた。1株を1本に整理するよう指導した。2年連続栽培の基本技術をまとめたパンフレットを計300部作成した。指導に活用している他、インゲン豆フォーラム（9月24日）でも配布した。

　インゲン豆生産関係では、雑草発生の軽減を目指し、展示ほ場を設置した。設置にあたっては、播種前にギレスンの職員からインゲン豆の注文をとり、その代金相当を農家に借地料と耕耘料として支払った。しかしほ場に除草剤散布をしなかったため、雑草が多発し、収穫皆無となった。展示ほ場から収穫するインゲン豆を注文に充てる予定だったため、別の農家から購入して販売した。

2　思わぬ話

　栽培技術の改善を目指し、5月22日にギュゼル村に500 m^{2}の展示ほ場を設置した。SV 4人とチャモルックのCPや運転手が協力し合い、播種した。その後、雑草が多発し、7月下旬に栽培継続が不可能になった。雑草の減少を目指し、5月22日にギュゼル村に500 m^{2}の展示ほ場を設置した。しかし、雑草が多発し、収穫皆無となった。地域の農家はインゲン豆を有機栽培（農薬や化学肥料を使わない）していると話していた。このため、展示ほ場は除草剤散布をしなかった。しかし、その後、実際には農家は前作物収穫後と播種前に除草剤を散布していた。ここでは、栽培期間中に除草剤散布をしなければ、有機栽培にしていたのだ。

3　余暇時間の活動

　余暇時間の活動は、赴任当初から行っている公園の清掃作業が72回となった。90回を目標に最後まで継続したい。6月から9月までは近隣に住む子供達と毎日のように遊んだ。トルコの遊びと合わせて日本の折り紙や手遊びを毎日繰り返した結果、多くの日本の遊びを子供達は習得した。現在、一部の子供は、学校にて先生に教えているとのこと。

4　私に対するトルコの人達の変化

　農家との関係では、イチゴハウスを新設したドゥスン氏、育苗ほ場を設置し、毎回出張時には意見交換するガリップ氏と親密な友人関係が築けてきた。昨年の9月以降、コルジャン氏とともにチャモルック郡のカイマカンルックの運転手であるカドゥール氏と現地へ行っている。カドゥール氏は、地元の人（チャモルック出身者）であるため、訪問する農家は皆、旧知の仲である。家庭菜園にて農作業をしているため、私が行う現地活動に関心が高い。農家への巡回指導内容を良く理解し、仲間の職員や友人に話している。これらの

結果、私の活動内容や人柄を多くのチャモルックの住民が2人の農家やカドゥール氏を通じて、好意的に理解するようになった。いちご栽培に関心を示す人も増加した。ギレスンでは、余暇活動として行っている清掃活動、アパート庭園でのいちご栽培や子供達の遊びを通じて、人々の視線が大きく変化した。住居近辺のほとんどの人達は、上記のことをしている日本人として私のことを知っている。清掃活動については、SNSやマスコミで取り上げられたこともあり、多くのギレスン市民が知っている。嬉しい反面、常に行動を見られていることを意識するようになった。

5 戒厳令発令中の国に暮らして

7月15日、トルコ軍部によるクーデター未遂事件が発生した。ただちに戒厳令が発令され、現在も継続している。事件後の数日間、全てのテレビが事件を伝え、インターネットは規制され、衛星放送も画像や音声が乱れた。JICAより自宅待機命令が出された。テレビを見ても同じことの繰り返しなので、軽い運動を行ったり、本を読んだり、音楽を聴いたりした。窓からは黒海が見えるので、美しい夕日を見て過ごした。コーランの調べがとても長く、しかもいつもと違っていた。殉死者への追悼が加わったそうだ。しばらくすると、行動は自由になり、以前と変わらない生活に戻った。食糧も日用品も溢れているし、結婚式も盛大に祝っている。しかし、警察や軍隊付近の警備は厳重になり、自爆車除けのコンクリート塀が設けられた。検問が増えた。親しくしていた市長が逮捕された。教育関係組織の多くの職員が解雇処分された。このため、アパートの子供達の学校では、授業の始まらない科目が生じた。今でも何か事件が起こると、インターネットや衛星放送が機能しなくなる。季節は巡り、食の豊かさや、親切なトルコの人達は何ら変わらない。しかし、世間を流れる風の何かが変わっている。

6　最後の活動打ち合せから帰国まで
2016.11.2 〜 2017.3.21

11.2　仕事はしつこく

Soğuk havayı gelen çamoluk'ta çilek fidesi sökümü yapıyoruz.
Şu anda son yapan zamanı.

　11月に入り、チャモルックの朝は、吐く息が白くなります。

　10月から農家をまわり、進めてきた苗の整理もいよいよ最終時期です。残念ながら、農家の作業は、私の巡回時にしか進みませんが、今回もしつこく説明し、作業を一緒に行いました。

　岩佐SVが作成した苗の良否の判定シートが大活躍！

　混み入った株の塊には、良い苗があまりないことが分かってくれれば、作業能率がグンと上がります。

　トルコの職員の活動は、蜂が花の蜜を吸いに来るような「パット来て、ちょっと話して、さっと持って帰る」活動ですので、変わった人達だと感じてくれていると思います。

　しつこくやることが大切と分かってもらえば大成功！結果はすぐには出ませんから。

11.3　羊の渋滞

Karayolu daki Eğribel geçidi geçtikten sonra koyunula trafik oldu.Akşam yemeğide eskiden Japan'ya dan gelen mandarina Satsuma yedim.

　チャモルックからの帰路、山の放牧地から里に移動する羊の群れに会いました。ざっと200頭くらい。ここは、農道ではありません。

都市を結ぶ幹線道路です。道路は羊渋滞となりました。

でもトルコでは、季節の風物詩の一つなので、皆、自然に対応します。（口絵写真「9. 羊の渋滞」）

羊の大部分はいつかは食用になると思います。しかし、今年の冬は里に下ろし、来年の春に再び山に上げて、初夏になると羊毛を刈ります。トルコで最も多くの羊が食用になるのは、犠牲祭の時期（今年は9月の中旬でした）です。

夜は、自宅にて夕暮れの黒海を見ながら、食後のデザートにみかんを食べました。こちらでは、「サツマ」という名称でトルコ産の温州ミカンが売られています。昔、薩摩から伝わったのでしょうか。価格は約120円/kg。日本のみかんとほとんど同じ味です。

トルコは、国産オレンジがとても安く、美味しいのですが、秋から冬はマンダリンオレンジの旬になります。その中でも「サツマ＝薩摩」は甘くて美味しいです。

11.4　煮干しづくり

NİBOSHİ (kuru hamsisi) Japon'yanın yemeği yapmak üzere çok önemli malzeme. Bu gün Türkiye de yeni yaptım. Çoook lezzetli !

夏に一時帰国したときに日本から持参した煮干し。少しづつ大切に食べています。秋が深まり、黒海では、カタクチイワシの大漁が続き、価格は遂に1kg（約100匹）当たり5TL（約180円）まで下がりました。早朝、漁港に水揚げされて、すぐに売っているので新鮮そのもの！

しかし、ギレスンの湿った冬の気候では、難しいと昨年は諦めました。でも今年は、次があ

りません。思い切って挑戦しました。

　一昼夜が経ち、かなり締まった煮干しの素をつまみ食いすると、とんでもない美味しさにびっくり！！。食事のごとにつまみ食いして、乾燥する前に無くなりそうです！！！。

11.8　熊本からのメッセージ

Kumamoto depremdeki arkadaşlardan teşekkürlüğü mesaj geldir.
Ben de teşekkür ederiz.

　熊本地震で被災した小学生から、昨年の被災時に送ったメッセージやお守り（ナザールボンジュ）へのお礼の手紙と写真が送られてきました。ありがとう！トルコの人達にさっそく伝えます。

続　煮干し作り

　ふつうの水道水で沸騰後、火を弱め、密封できる鍋で 10 分ぐらい煮ました。はらわたが出て、形が崩れない状態が揚げ時です。金属のざるに揚げてから、箸で一匹づつ、穀物選別用の篩いにペーパータオルを敷いた上に載せて水を吸わせて天日干しししました。夜間は暖房用のボイラーの煙がひどいので、上からもペーパータオルを載せました。

　下に十分な空間を確保できて、通気性もある篩の存在も大きいかも知れません。10TL（400 円）位で十分大きなものを買えます。

11.10　チャモルックデー（インゲン豆の試験会）

Bu gün Ata türk Anma günü.
Bizin yemekanede Çamoluk günüde yapttık.
Çamoluk'tan alan kuru hasulyesini çok lezzetliydi.

　今日は、トルコ共和国の建国の父、アタトゥルクの命日です。

朝は、各地で追悼行事が行われました。その日の昼食時に職員食堂でチャモルック産のインゲン豆を使った試食会を行いました。アンケートをとったところ、約80人全員が美味しいと評価してくれました。まずは、大成功！

11.10

Kivi ağacısı görmek için ilk kez.

　キウイフルーツの受粉への蜜蜂利用を地域ぐるみで進め、生産性を向上するためのプロジェクトの成果検討会に参加しました。

　雄木は、2 ha の園内（雌木が 1000 本くらい）に 7 本くらいだと言っていました。この本数比だと、確かに人工授粉するか、ホルモン処理をしないと着果は悪くなります。蜜蜂を増やし蜂蜜を確保することと受粉を補うことの一石二鳥を狙った取り組みです。

トルコ西部　チャナッカレ、エデルネ旅行

11.11

Çanakkale, yüz yıl önce şiddetli bir savaş alanlarının.Türkiye Cumhuriyeti, buradan başladı.Şimdi, sadece sessiz akışı vardır.

　トルコの西部、マルマサ海とエーゲ海を結ぶ海峡の地、チャナッカレを訪れました。1915 年、中東の大国、オスマントルコがイギリスに滅ぼされ、国家存亡の危機にあったトルコは、ケマル将軍の指揮の下、30 万人もの犠牲を払い、この地の戦いに勝利し、近代国家トルコ共和国の建国を実現しました。

　今は、美しい海に静かな時が流れています。巨大なモニュメントは、この地に伝説として残る「トロイの木馬」です。

　マルマサ海の色は、黒海よりは淡く、地中海よりは濃い海の色です。空の青さとのバランスが最高でした。

わずか幅が1kmから2km程度の海峡ですが、アジアとヨーロッパを隔てる古代から様々な歴史を繰り広げてきた世界の要衝です。

11.13　ブルガリア国境

Sabah, Edirne'nin en çok büyük Selimiye camiye gittim.Orada güzel manzarası gölmektan sonra Türkiye, Bulgaristan sınır Kapıkule'ye gittim.

　エデルネの名所の一つが、ローマ時代の古代橋です。今日は、朝日に輝くセリミィェモスクを拝んだ後、ブルガリアの国境を訪ねました。

　するとなんと、国境の手前10kmからトラックの行列が続いています。バスの運転手にたずねると国境通過に2日間くらいかかることが珍しくないとのこと。なるほど、沿道の随所にスーパーマーケットや軽食をとれる雑貨店があります。トラックの周りで食事やチャイを楽しんでいる運転手を沢山、見かけました。

　小さな農村に常時1000人近くの運転手が滞在しているとすると大変な経済効果です。これだから、国境の旅は楽しい。

11.12　ギリシャ国境

Türkiye, Yunanistan sınır kapısıdaki şehir Edirne'ye gidiyorum.

Burası çok fazla eski cami vardır.

　トルコで最も西の都市、エディルネに来ました。ここは、オスマントルコ時代、最初に首都が設けられた場所。このため、古いモスクが至る所にあります。

　町外れには、ギリシャとの国境があり、厳重な検査のもと、一台づつ検問を通過していました。このため、入り口には車の長い行列。のどかな田園風景の中に突然、現れる３カ国表示の広告と物々しい国境。日本では絶対に見られない景色です。

11.14

Ben uçağın penceresinden süper ayıyı görbilirim.

　夜間飛行の航空機、高度11,000mにて、とても明るい月を発見！そういえば、今、とても月が地球に近くなっていると聞いていた。予想外に上手く、撮れていた。ヨーロッパ側のトルコは、乾燥した寒風が吹いていたが、本当に豊かで広大な土地が連なっていた。

11.16 　業績報告会

Giresun'un lisesinin otelinde Kara deniz bölge grup toplantısı başlanıyor.

　年に２回開催する、黒海地域の食糧農業畜産局の組織（６つの試験場、11の県事務所）が一堂に会する会議がギレスンにある職業高校と併設されたホテルにて、行われています。

　私達ＳＶ（シニアボランティアー）もギレスン県事務所の一員とし

て参加し、活動報告や日本文化の紹介を行っています。夕食時には、民族楽器の演奏も行われました。明日も続きます。

11.21　紙ヒコーキセット

Çocuklarla güzel origami uçakları yapıtım. Sadece bir saat evimden yürü yerek çıkmaktan sonra, harika manzarasını bakabilirim.

　同期SVの家族からいただいた紙ヒコーキセット。これが、なかなかの優れもの。昨日は、アパートの子供達と全8種類を作り、飛行競争！　大変な盛り上がりでした。

　今日は、好天なので、裏山の道を1時間登りました。すると想像以上の素晴らしい眺め。急坂を上り詰めた尾根上には、のどかな農村が連なっています。

11.23　チャモルックデーの反響

Çamoluk'un sera çileği yetiştiren çiftçileri Çamoluk kuru fasulyesinin tadına bakuma hakkında söyledim.

　11月10日にギレスンの職員食堂にて開催したチャモルックディーにおけるインゲン豆を使った料理の結果について、いちご農家を巡りながら説明しました。別途、説明した農業委員会長も含め

て、この取り組みと食べた人達の反響について、とても喜んでくれました。第2回目の11月30日には、大勢の人達がギレスンにインゲン豆持参で来そうな雰囲気。

11.29

Kışındaki Çamoluk'ta kapan serası içindesi havasını çok kötü(uzun zamanı çok soğuk ve kısa zamanı sıcak). Giresun'ın havası şuandada soğuk değil.

　チャモルック出張から戻り、温度データを整理すると改めて、チャモルックの無加温ハウス内の温度変化の激しさに驚かされます。今回は、温度計を設置した後、農家が温室を締めてしまったため、日中のたった2時間で20℃も温度が上昇し、37℃に達し、その後わずか4時間で今度は、40℃近くも低下しました。夜間は-10℃が継続しています。

　いちごに大きなダメージを与える短時間での激しい温度変化を防ぐためには、体感に頼らない日中の温度管理（換気）が重要です。農家には、帰宅の翌日（土曜日）にSMSにて管理内容を伝えました。

12.2　第2回チャルモックデー

İkinci kurufasulyenin tadına bakıması yapıtık.

　第2回目のインゲン豆試食会を行いました。今回も80人もの職員が参加。前回と異なる村から仕入れた豆を使った結果、アンケートの回答もやや異なりました。さすがにトルコの人達のインゲン豆へのこだわりは、大きい。12月も2回行う予定。

　今回の方法は、アンケート実施者の目の前で選択する回答に各自シールを貼るので、当然、リップサービス的な傾向が出て来ます。幸い、職員食堂の利用者は知人が多いので、回答しながらコメント（本音）も言いますので、それらが大変、重要な情報になります。

6

最後の活動打ち合せから帰国まで

食糧農業畜産局の職員ですら、「チャモルックなど内陸部のインゲン豆は美味しいという話は知っているが食べたことは無い」という人が多いのが実情です。まず、実際に食べてもらわないと販売（流通）促進など出来るわけが無い。

12.3　トルコのふじリンゴ

Kışdaki Türkiyede lezzetli yemek ve kuru meyveler.

　アンカラからギレスンに戻ってまず買ったのは、サツマ（温州ミカン）とフジ（リンゴ）。それぞれの価格（kg 当たり）は 2.5 リラ（約 80 円）と 3.5 リラ（約 120 円）。温州は日本とほとんど同品質、フジは小ぶりで肌は綺麗ではありませんが、味は遜色ありません。いずれもエーゲ海沿岸の産地で生産しています。

　フジりんごは、程良い甘さとシャキシャキした歯触りが特徴なのですが、果肉が固くないのに日持ちが抜群に良いので、世界中に普及しています。日本が生んだ農産物のエースの一つです。こちらのリンゴは、丸かじりサイズが基本なので、フジも小ぶりです。

12.5　清掃活動への取材

Bugün çöp toplayıp tarafından gazetecilere röportaj verildim.

　地元の新聞記者の方から公園のゴミ拾いのことについて、取材を受けました。ゴミ拾いは今日が 78 回目。私にとっては既にやらないと、すっきりしない週末の日課です。

　取材は 3 回目です。最近は、近所の子供達も一緒にやりたいと言い出しました。でも、こちらから誘う気はありません。勇気を持って自分の意思で動き出して欲しいからです。

　1 年 7 ヶ月前にギレスンに来たときには、言葉も分からないし、何も出来ることがありませんでした。ゴミ拾いならば、誰に迷惑をかけるわけでも無いし、言葉が要らないので始めたというのが、本

当のところです。コツコツと続けられるところは、日本人の長所か
も知れません。

12.5　国際ボランティアーフォーラム

Ankara'daki Ulusal gönüllülüğü forumuya katılıdum.

　12月1日、アンカラにて開催された国際ボランティアーフォー
ラムに参加しました。トルコ国際機構のボランティアー、国連ボラ
ンティアー、そしてJICAボランティアー（シニア海外ボランティアー）
など総勢150名以上が集まり、盛大に開催されました。私達を含め
て、参加者の約半分は外国人。若い人達が中心に様々な国の人達が
集い、講演やワークショップを行いました。最後に登場した巨大な
ケーキにはびっくり！

　床に車座になって行うのは、トルコでは初めての体験でした。ト
ルコの人達は、アパートでは、椅子やソファーに座りますが、農家
の部屋では絨毯の上に座って過ごします。小グループの話し合いな
ので、膝をつき合わす状況を作りたかったのだと思います。私の
グループも6カ国の人がいましたが、国民性が出ておもしろかったで
す。

　当然、座れない人もいました。仕方が無いので寝転んでいました。

12.7

Kardaki Çamoluk'ta sera çileği daha iyi yetiştirmek üzere çalışyoruz.

　チャモルックでは、日中でも2℃までしか気温が上がりません。
雪に包まれたハウスの中でいちごの越冬のための株の整理作業を行
いました。11月上旬までには終了させたい作業でしたが、完了し
ていません。株もとからカビが生えだし、枯れて湿った葉が発酵を
始めるとほとんどの株が枯れてしまいます。状況はシビアですが、
楽しくやっています。

チャモルックは、前回訪問時の最低気温が－11℃。今回はそれよりもかなり寒いので、－15℃くらいかなと思っています。ギレスンに帰ったら、測定結果を確認できます。

- -

12.8　厳冬期のチャモルック

Manzara harik, Ancak Sibirya gibi soğuk havanın Çomoluk'tan Giresun'a döndüm.

　今回は、チャモルックへの移動日に自記温度計を設置できたため、2泊3日の活動でギレスンに戻りました。

　現地の最低温度は、予想通りの－15℃、最高気温は5℃。一日の内、19時間が氷点下です。南西に山が連なるため、日没は午後4時。気温も氷点下5℃を下回ってくるため、日没後に外で作業をするのは危険です。昨年よりも寒さが早く来ているようです。次回はどこまで寒くなっていくのだろうか？

- -

12.12　ノエルババ

　トルコにて新年を祝う人と言えば、Noel Baba(ノエル・ババ＝ノエル　父さん)です。

なぜ、サンタクロースと瓜二つなのかと思って2年間を過ごしていました。なんと、サンタクロースのモデルとなったセントニコラウスは、もともとトルコの人だったとのこと。イスラム化される前のトルコは、東ローマ帝国の中心。つまり、キリスト教の中心地であったのだから当然ともいえます。北欧に住む大学の先輩から教えていただきました。ありがとうございます。

　セント　ニコラウス（聖なるニコラウス）→ノエル・ババ（ノエル・お父様）になったそうです。

カッパドキア、カマン、アンカラ旅行

12.15

Nevşehir'deki Göreme'ye gittim.Hava açık,manzara harika ancak çok soğuk.

　外国人に大人気の観光地。カッパドキアの中心地、ギョレメにやって来ました。写真では見慣れた景色も実際に体感すると全くイメージが違います。ギョレメはまさに遺跡を利用して作った観光村でした。古代遺産の保存という観点からは疑問を感じますが、現代も進化を続けている洞窟都市という見方をすると、そういうものかと納得してきます。ちなみに今日は洞窟内のホテルに宿泊中。意外と暖かい。さすがに1985年にユネスコの世界遺産に登録されただけのことはあります。

12.16　気球からみたカッパドキア

Büyük bloondan güzel manzarasını eğlendim.

　ユネスコ世界遺産、カッパドキアの素晴らしい眺めを上空から思う存分楽しみました。1000m上空では、気温は-12℃でしたが、心はポカポカ。ここでも外国人客の中心は、日本と同様に中国人の方々

です。
　一緒に同じゴンドラの枠に乗った方は、ドイツから来た方です。
　朝7時からのフライトで、頭が凍り付きましたが、最高に楽しかったです。

　ゴンドラは、かなり高価（14000円くらい）ですが、90分のフライでこの価格は日本では絶対に出来ないことです。

12.17

Aksaraidaki guzel yurt'a gittim.Eskiden harika kilisin yurt.

　ギョレメから80km離れたギュゼルユルトにある古代修道院跡に行きました。巨大な岩山をくり抜いて教会、学校や宿舎を作り上げ修行を続けた当時の人々の営みには怖れすら感じます。

12.18　洞窟内の鳩の巣

Ihlara vadisinin ırmağıdakiye gittikten sonra göremeye döndüm.
Cave hotel'in eski kuşu evin odası çok otantik.

ギョレメから 100km 近く離れたウハララ渓谷へ行きました。台地の裂け目が渓谷になっており、凍結した階段を 400 段下りると川沿いに着きます。渓谷を囲む断崖絶壁には多くの遺跡があります。

今回、宿泊した洞窟ホテルには、もともとは鳩の巣だった洞窟を利用した部屋があります。周囲のミレット（尖塔）状の岩をしばらく観察してみると、なるほど今でも鳩が小さな割れ目から出入りしている様子を見かけます。

12.19

Orta Anadoludaki Kırşehir' de kırmız ırmağıdan gelen balıkları ve güzel kabak çekirdeğiyi gördüm.

日本の 2 倍の国土面積があるトルコは、所変われば、気候も食文化もかなり変わります。バスを乗り換えしたクルシェヒールでトルコの中央部を縦断する大河川（クルムズウルマック＝紅い川）で収獲された魚を初めて見ました。氷点下 10℃の気候のもと、全て見事に凍結しています。ここでは魚は冬のご馳走だとか。

なだらかに起伏する広大な土地が広がるこの地域は、カボチャ、ジャガイモ、ブドウの大産地です。カボチャの種は安くておいしいスナックです。種を収穫するための品種もあります。

12.21

Aralık bir günü Giresun' dan Çamoluk' a kadar kardaki yolu dolmışla gidiyorum.

雪の景色を見つめながら、4 時間の山越えの道を 10 名ほどの乗客のミニバスで辿り、再びチャモルックに来ました。暖かいギレスンには、たった 2 日間過ごしただけで、再び終日、氷点下の世界です。いちご、生きているかな？

おそらく、この道を辿るのもあと 5 往復です。

12.22　新たな活動の芽生え

Kar içinde olun serasının çileğide büyüktür.

　全てが雪に包まれている真冬のチャモルック。その中でハウスのイチゴは、生き続けています。今年、新たに植えたドゥスン氏のいちごは、常時氷点下の気候のもと、しっかり成長を続けています。10月にいちごの株を整理した効果が出始めています。

　農業委員会のアリ氏と岩佐SVは、インゲン豆試食会のアンケート結果について意見交換。アリ氏から農業関係の雑誌への投稿を提案されました。新たな活動が始まりそうです。

12.23　新しいカイマカンとあいさつ

Çok soğuk havanı bir günü Çamoluğun yeni kaymakan Bey' ile bizin faaliyet reporu semıneri üzere konuştum.

　今回の出張は、過去1年半のチャモルック滞在で一番、寒く感じました。出張前の旅行から延べ2週間、常時氷点下の中で外出を続けていたせいかもしれません。一昨日、赴任したばかりのカイマカン（行政管理官）と会い、あいさつをしました。SVの活動について良く理解をされており、3月9日に活動報告会を行いたい旨を話すと直ちに実施を確約してくれました。重要事項の記入箱にメモしてくれたので、たぶん大丈夫。

　職員食堂にて継続して実施しているインゲン豆の試食会の様子を説明すると、来年5月にギレスン市で開催されるアクスフェスティバルにてチャモルック産の農産物の展示販売や試食会を行うプランを進めたいと話してくれました。私達の活動が地元の人達のプランとして活かされていくのは、シニアボランティアー冥利に尽きます。

12.25　公園の清掃活動が新聞に掲載

　12月20日のギレスンの地方新聞 (web 新聞) に公園の清掃活動の記事が掲載されました。同じ日に全国紙にも掲載されましたが、そちらには写真はありませんでした。世の中を少しでも明るくする話題づくりになれたら幸せです。

　＜以下が記事です。＞※原文はトルコ語です。

　ギレスンの里見洋司さん、日本人農業技術者の模範的な行動が黒海沿岸のこの街で人々の注目を集めています。食糧農業畜産省と日本の国際協力機構 (JICA) の協力の仕組みで派遣された彼は、勤務場所での活動以外に海浜緑化公園で清掃活動を行っています。時には同様に日本から派遣された2人の女性の友人も一緒に行っています。これまで彼が環境浄化への思いを込めて、毎週末に収集したゴミの総量は、数百キログラムにも達しています。里見さんは、これまで1年半に渉り、地域の人々共に農業技術者として農業発展にプロジェクトの実施を通じて、また市民の一人として継続した清掃活動を通じて、東部黒海地域の発展に貢献しています。(里見翻訳＝要約)

　同じアパートの子供達から「今度一緒にやりたい！」といわれたのは、嬉しかったです。実現はしていませんが。

●－●－●－●－●－●－●－●－●－●－●－●－●－●－●－●

12.28

Dün benim arkadaşlar japonya'ya dönmeden önce bulancak'daki ana okulun çocuklarıla oynamak üzere gittik. Bugün de giresun'un ana okuldan çocuklar bize görüşmeye geldi.Çok sevincili.

　ギレスンの先行隊員、2人の任期は、あと6日間となりました。昨日は、隣町のブランジャックの幼稚園に行き、子供達に折り紙を

あげて一緒に遊びました。そして今日は、10月13日に訪問したギレスン市内の幼稚園児が先生方と一緒に事務所まで、素敵なプレゼントを持参し、お別れの挨拶に来てくれました。とても暖かな気持ちになれた一日でした。

12.30　ひと足早い送別会

Bugün bizin proje bittikten üzere herkez birlikte parti edeyoruz. Çok eğlendim.Ancak Ben gelecek Murtın sonuna kadar proj için işleri devam ediyorum.

　まもなく、先行の2人の隊員（児玉さん、丹羽さん）が帰国するため、派遣先の職員が送別会を開いてくれました。幹部職員を始め、職員の家族を含め、本当に大勢の人達が集まってくれました。感謝の盾と記念品のシャツ（なんとサッカートルコ代表のユニフォーム）を贈られ、感謝、感激でした。

　ところで、後発隊員の私達2人は、来年3月21日迄、ここで今まで通りの活動を続けていきます。来週の水曜日からは、いつもの生活に戻ります。

(口絵の写真「16.配属先の送別会」)

1.1　年越しケーキ

Yeni Yılınız Kutlu Olsun!

　明けまして、おめでとうございます。

　トルコの人達は、大晦日に膨大な量のケーキを買い、新年を迎えます。もちろん、ケーキにはノエルババ（サンタの元祖のおじさん）が載っています。キロ単位のケー

キを家族や仲間とペロリを食べるのがトルコの食の地力です。日が沈めば、外は寒く、子犬達はこのとおりの鞠状態。私は、暖かい自宅で年越しラーメンで 2017 年を迎えました。思い起こせば、昨年の元日は、記録的な大雪でした。

　写真の 3kg くらいはある家型ケーキでも 3000 円くらいです。もし、日本のケーキを並べたら、ミニチュアに見えるはず。

　トルコの人達は、一人当たり、日本の 5 号ケーキ（直径 15cm）ぐらいは楽に食べます。

1.2

Hava güzel bir günü, yarın Japonya'ya gidecen arkadaşla Giresun kalesiye gittik.

　昼前から急激に好天になったため、明日、日本への帰国の途に着く児玉ＳＶと観光名所のギレスン城址へ行きました。期待通りの最高の眺めでした。

　任期満了となった丹羽 SV、児玉 SV の今後の御活躍と健康を祈念します。ご苦労様、そしてありがとう！

　ギレスンは今日も快晴でした。朝、黒海を見ながらジョギングしていると走っている人も散歩している人も、みんな挨拶を交わします。本当に平和で良いところなのです。世界の地勢、歴史、民族の中心に位置していることが豊かさだけで無く、終わりの見えない課題も抱えてしまうということが現代社会の最大の不幸です。

1.8　最後のカレー

Zeytinile japonın köriyi pişiriyorum.Çok lezzetli !

　8月に帰国した際に日本から持参したカレールーが遂に無くなりました。最後のカレーは、2つの黒色食材を加えて、トルコ風にしてみました。

一つはオリーブ。今回、最高級のオリーブを買ったところ（といっても 500g 入り袋で 600 円くらいですが）、今までの物とは別の食べ物と思うほど美味しい。

　もう一つは、皮が黒色の辛み大根。そのままではとても食べられない辛さですが、カレーに入れてみたところ、見事に馴染みました。これは、処分を兼ねたような使い方でしたが、辛さがやや変化してコクが出ました。3 月末に帰国したら、もちろんポークカレーを食べます。

　もう一つ、とても代表的なトルコの食材が入っていました。インゲン豆です。煮豆を作ってから入れます。毎回、入れているので意識から抜けていました。

　トルコの牛肉は、基本的に赤身肉です。価格も 1kg あたり 1200 円くらいするため、気楽には使えません。同価格でラム肉が買えるので、トルコ人はむしろ、コクのあるそちらを好みます。私もカレーにはラム肉を入れます。

1.10　異常寒波

Kar içinde ne var ? Yol Araba Köpek'te var.

　2 週間ぶりのチャモルックへの峠道。全てが真っ白で風が吹くと道との境界は分かりません。万全の装備と高度なテクニックのミニバスにひたすら感謝です。ところで、この雪を見て、「イスタンブールはもっと大変だった！」と話す客があり、さすがに驚きました！ヨーロッパ中央・東部の異常寒波はいつまで続くのやら。

気温は氷点下ですが、快晴のもと、日射しを浴びた犬たちは雪布団で昼寝です。

　写真ではなだらかに見えますが、結構な急傾斜です。

　とても寒いのですが、日射しがあると暖かい錯覚を起こします。暖かい空間に入った瞬間に正気に戻ります。

- -

1.11

Çamoluk'ta güzel bir insanlar,hayvanlar ve çilekleri görüştüm.

　今日は、雪に囲まれた４棟のイチゴハウスを巡回して、生育状況を確認するとともに、カイマカン（行政管理官）やいちご農家（ドゥスンさん）に会いました。カイマカンには、12月に出来上がった地理的認証制度の推進および活用促進パンフレットを渡しました。

　先週、帰国した児玉ＳＶからのプレゼントを渡すとドゥスンさんは、本当に喜んでくれました。ハウスの中ではイチゴが元気に冬越しをしています。

　チャモルックでの現地活動は、あと５回になりました。

- -

1.12　　最終報告会の準備

Bugünde Çamoluk'ta hava açık ve soğuk. Ben Mart'ın sonuna kadar daha iyi faaliyet yapacak için müdürlerile konuştum.

　快晴のチャモルックの寒さは格別です。現場を巡回する一方で、残された任期で行う活動準備（根まわし）のため、高等学校長や農業委員会長に会いました。この結果、３月９日に報告会を行う会場が決定しました。２年近く、この小さな街で活動していると大部分の方がどこかで繋がってくるため、理解や協力がとても得やすくなります。

- -

1.13

Bugünde karlı yolu Çamoluk'tan Giresun'a gidiyorum.

　4日間の滞在中に街の中心部の雪は、かなり無くなってきたチャモルックでしたが、出発の朝は、再び雪。

　途中、ドルムシュ（ミニバス）を乗り換える標高1400mの盆地の街、アルジュラはすっかり雪に包まれていました。

　標高2200mのエーレベル峠から怒濤のごとく高度を下げて、標高300mのデレリまで来ると、ウソのように雪は無くなっていました。

　4時間の旅でめまぐるしく変化する気候には、毎回のことながら、驚かされます。

- -

1.14　ギレスンのおじさん達

Giresun meydanın hafta sonu bir günü.

　ギレスンのメイダン（市庁前広場）のいつもと同じ週末風景です。お国柄、地域柄から公園に来るのは、圧倒的に男性が多いのですが、家族で子供と遊んだり、デートするカップルも多く見かけます。どうして日常の風景は、ニュースにならないのでしょうか。

　通りにいっぱいいる、おじさん達は皆、とっても仲良しです。チャイを飲みながらおしゃべりしたり、散歩したりします。年金制度がしっかりしていること、自宅は奥さんや娘に牛耳られて居場所がないこと、など様々な理由で外で遊ぶおじさんが多いです。

　イスラムのおじさん達は、酒を飲んでくだを巻くことはありません。チャイは1杯20円ほどなので、外で飲んだり、店には行って飲んだりしながら、合間にカードゲームをしたりして、何時間でも楽しく過ごすことが出来ます。

- -

1.18　58回目の誕生日

Bugün beni m doğum günü, Güzel bir çocuğlu arkadaşlara çok teşekkür ederiz.

　今日は、58回目の誕生でした。家族を始めとする誕生日のお祝いメーセージを送ってくれた方々、本当にありがとうございます。

　夕食を食べていると、ドアのチャイムが鳴り、アパートの子供達から素敵なケーキを贈られました。嬉しかったです。SVになってこの地に来て本当に良かったと思います。

　さっそく、折り紙セットを作りました。明日、お礼のプレゼントをします。

1.20　グゼル　チャモルック完成

Yeni bröşrü ' Güzel Çamoluk ' yaptık. Gelecek hafta'da Çamoluğun çift çilere vereceğim. Şu anda tüm üç bröşrü yazdık.

　新たなパンフレット"グゼル　チャモルック＝素晴らしきチャモルック"が完成しました。800部を印刷して、来週からチャモルックの農家や農業関係者に配布します。今回のパンフレットには、チャモルックにおけるシニアボランティアーの活動内容も紹介していま

す。これで、私が企画した３種類のパンフレットが揃いました。提案して、工夫して、仲間たちが協力してくれたものが形になると、とても嬉しい。（口絵パンフレット）

1.24　アンネとテイゼ

Türkiye'nin teyzesi herkes çok güzel ve güçlü.

　トルコは、Anne＝アンネ（母さん）の国です。子供はもちろん、大人になっても、母さんは心から愛し、愛される存在です。

　母さんの母さん＝おばあさんは、それに次ぐ存在です。
これらの親密度は、日本人には想像出来ないほどの強さです。

　そして、こうした愛すべき人達と同世代の女性が Teyze ＝おばさんです。

　皆、とても素敵な存在。同時に何でも出来る、限りなく強い存在でもあります。

1.25　雪に閉ざされたチャモルック

Çamoluk'ta tüm günü kar yağıyor.Köylere hiç gitmeyim.

　チャモルックは、一日中、雪が降っていました。午後になると、降雪は落ち着いてきたものの、来ると言っていたタクシーは来ない。こうして、一日が過ぎようとしています。資料作りはしているものの、現場に来て行動できないのは、やはり辛い。

1.27　雪崩

Eğribel geçidi'de kar çökmeden ben binen dolmuş 1 saat orada durmuş.

　朝、タクシーに乗り、いちご栽培農家のドゥスンさんに会い、作成したばかりのグゼルチャモルックを渡しました。

　そこからは大雪で閉鎖された峠を避けて、迂回路にてアルジュラ

へ。3時間ほどの待ち合わせで、ミニバスに乗車し、ギレスンへ向いました。しかし、難所である標高2200mのエーレベル峠の手前で雪崩が発生。前方を走っていた車が突っ込みました。

この事態でも写真撮影やたばこを吸っているのがトルコ風。

1時間が経過し、さすがに乗客たちに一抹の不安が漂い始めた頃、巨大な除雪車が2台到着し、雪を寄せて車を救い出しました。

月に2往復する慣れた道ですが、実は危険と背中合わせであることを痛感しました。

- -

1.28　今年も大雪

sevem çocuklarıla karda oynadık.Çok eğlendim.

　本年一番の大雪となった今日、断続的に激しく降り続く雪の合間を狙って、子供達は雪遊びに夢中になりました。買い物から戻って来た私も誘われ、2時間ほどほとんど子供になって一緒に遊びました。雪だるま、雪合戦、そしてビニール袋を敷いてそり遊び。本当に楽しかった。

- -

1.30

Ankara'da Japon arkadaşlarıla Japonın yemeği birlikte yapmaktan sonra yedik.Her şeri çok lezzetli！

　JICAの安全対策会議の開催前夜、アンカラにてSVと職員にて新年会を行いました。その前に中島SVが講師となり、みんなで手作り餃子を作りました。ちらし寿司をメインとした豪華な日本料理

と参加者全員の共同作業の餃子、ビールやワインも加わり、最高の晩餐となりました。

　調味料もすべてありました。さすが首都のアンカラです。

　ラー油、ごま油＆オリーブオイルに唐辛子を漬込んだ自家製でした。

2.1

Ankara'da hava açık, ama Giresun'da çok kar yağı.Bu akşam Ordu giresun'a giden ucağı ucamaz.Yarın dünecebilirim veya dünümez, bilimiyorum.

Giresun'da kardan adamıda fındıkları yapıyoruz.

　昨夜はギレスンが大雪のため、アンカラからの飛行機が欠航！

　アンカラ空港では、主翼が凍結したため、急遽、融雪剤で解凍。そして今日、雪に埋もれたギレスンに戻って来ました。午後、休む間もなく、子供達が誘いに来たので雪だるま（トルコ語では Kardan adam＝雪から出来た男）づくりをしました。最後の飾り付けは、特産物のヘーゼルナッツでした。子供ながら天晴れです。

2.3　トルコで豆まき

Birlikte Japonya'nın özel kültülü MAMEMAKI Yapıtık.
'ONIWA SOTO FUKUWA UCHI'
İlkbahardan önce ekilen fasulyeile, bir yıl, herkes mutlulukla yaşayabilir.

　今日は節分です。ギレスンの同じ部署の人達と一緒に豆まきをしました。「鬼は外！　福は内！」大きな声で、黒海と山々に向かって叫ぶと本当に春と幸せがやってくる気がします。もちろん、撒いたのは、特産のインゲン豆です。

　ギレスンのアパートでもしました。日本の家族とLineを通じてしました。

2.8

Çamoluk'ta köyleri serası çileğisine araştırmayı gidiyorum.
　チャモルックの村をタクシーにて巡回して、ビニールハウスのイチゴの生育状況を確認しました。この時期は、標高により積雪量が大きく異なります。しかし、日射しは強まり、ハウス内のいちごも

休眠状態から覚めてきました。一ヶ月後の最後の巡回時には、補植（苗の補充）作業をするつもりです。

　ここの雪は、気温が低いせいか軽いので、雪の重みでハウスが痛むことは少ないのですが、暖かくなっていくこれからは、雪が湿って重くなります。大雪は降って欲しくないです。

2.13　シャブシャットにて講演

Citta slow işaret alan şehir Şavşat'a gitim.Doğa,yemekler ve insanlar çok güzel !

　ギレスンから東へ400km、ジョージア国境の高原の街、シャブシャットに来ました。今回が5回目の訪問です。今までは観光でしたが、今回は、2015年にCitta Slow(スロータウン)に認証されたこの街の活性化に向けたセミナーに参加するために来ました。

　スロータウンは、イタリアから始まった認証制度です。トルコでは12の街が認定されています。チャモルックとは、地域の人々の雰囲気が違い新鮮でした。バシカンが熱血漢でカイマカンがスマートな感じなのは、以前のチャモルックと同じです。

　ちなみに日本のCITTA　SLOW認定地域は、気仙沼市だけです。東日本大震災からの復興支援としてイタリアから東北の沿岸地域の市町村に応募が働きかけられて、気仙沼が名乗りを上げたとのことです。私が住む埼玉県の小川町は、この制度の理念にぴったりの活動をしているので、ぜひ申請して欲しいと思います。

イズミール、パムッカレ旅行

2.15

Şuanda Ege denizdeki İzmir'im. Burada' da denizdeki şehir,ancak hava, manzara,insanlar herşeri Giresundan farklı.

初めて見るエーゲ海。驚くほど暖かい気候。背の高い人々。空港から8両編成の電車（メトロ）で街の中心に直行。当たり前に午後のレストランでビールを飲む人々。トルコの風土と人々の多様性を改めて、感じています。

イズミールは、とても300万都市とは思えないコンパクトで整備された、明るくて便利な街です。

この街にいると、トルコ人の多様性の自由を守って欲しいと思います。

ただし、世界の大国が自国の利益を守るために行っている、アラブ地域での行動から発するひずみをトルコは、最前線で受ける盾になってしまっている現実があります。トルコ人の自由が守れるかどうかは、欧米諸国（特にアメリカとロシア）の行動が大きく影響します。

- -

2.16

Türkiye'nin üçüncü büyük şehir İzmir'de iki bin yıl süredeki talih'in şerleri ve yeni yapan şerleri görüp yürüyerek gidiyorum.

イズミールは、古くから栄えた街です。地震で市街地が崩壊し、再建したのがローマ時代なのですから、2000年前には都市として発展していました。しかし、1919年のトルコ共和国独立戦争の際に市街地の過半が崩壊しました。現在の整備された町並みや広大な公園は、全てその代償として作られたものです。歴史のある国々の古くからの街の近代化にはこうした物語がつきまといます。

野外博物館の入り口では、学校帰りの子供が写真を撮って！と走り寄って来ました。「これ何？」「魚だよ」

- -

2.17　トルコ国鉄でテニズリへ

İzmir'den Pamukkale'ye TCDD'nin trenle gittim.Burada gerçekten meyveleri üreten bölgesi.

　イズミールからエーゲ海沿いをデニズリまで、列車で５時間かけて移動しました。トルコ国鉄（TDCC）に乗るのは、これが二回目です。ここは、本数が多く、日本と同様に地域住民の足として活躍しています。大きな街を過ぎるごとにがらりと入れ替わる乗客を見ているのは、楽しいものです。果樹と野菜産地の車窓風景は、とても勉強になりました。畑の奥に見えるテント村には、農作業をする人達が住んでいます。トルコの大産地はこうした雇用労働者に支えられています。世界遺産パムッカレは、明日、たっぷり見ます。

2.18　パムッカレ

Pamukkale'deki Traverten ve Hierapolisi görmerep yürüyorum.
　世界遺産、パムッカレの石灰棚とヒエラポリスを観光しました。
　石灰棚は、景観保護のため、遊歩道に沿った一部のみ、ヒエラポリスの温泉から水を流しています。朝、誰も歩く人がいない中を白（石灰）と青（空と水面）しか色彩の無い空間を１kmほど歩いていると、雪山の中の様な異空間にいる錯覚を覚えました。
　ヒエラポリスの円形劇場（ローマ時代の遺跡をイタリアの協力で６０年前に再整備）は圧巻の眺めでした。多くの観光客がこの地に

戻ってくることを願ってやみません。

　12月のカッパドキアと今回のチャナッカレ。日本からトルコへ旅行する人が必ず、行く場所へ帰国直前になってようやく行くことが出来ました。

　4年前までは日本人が溢れるほど、来ていたそうです。今はトルコの方が中心で、アジア方面からの観光客は、中国人、韓国人、インドネシア人、マレーシア人が多かったです。とても寂れてしまったと店の人は言っていました。

2.19　　トルコ人の土壇場力に感謝

　最終日まで、いろいろな物に出会えた旅でした。今日の収穫は、イズミールの海岸で買ったムール貝。中身は、なんと、ムール貝入りの「おこわ」です！一袋に30個も入って、5 TL（約150円）。

　本当に涙が出るくらい旨かった。

　イズミールからのフライトが遅れたため、アンカラ空港におけるギレスン行きへの乗り換えは、諦めていたのですが、なんと！たった5分間で乗り換え終了！無事、定刻にギレスンに到着しました。トルコ人の土壇場力のすごさにひたすら、感嘆！感謝！です。

2.21　　農業委員会が動き出す

Bugünda Giresun'dan Çamoluǧ'a geldim.Benin için bu yolu çok normalı,ancak sadece daha iki kere.

　再びチャモルックに来ました。今回が36回目の出張になります。現場へ向かうための4時間半の旅は、すっかり日常になりました。次回、2週間後の車窓風景も予想できます。しかし、それが最後になります。農業委員会のアリさんに早速あって話すと、明日、私の配属先に事務所の所長（局長）に会いに行き、インゲン豆の出荷調整施設を導入する事業について要望に行くとのこと。帰国後に現場

では、色々と動きが起こりそうです。

2.22 カイマカンがいちごハウスを視察

Çamoluk kaymakan Beyile sera çileği yetiştiriciliği anlatmayı gidiyorum.Ben ve her çiftçiler için çok özel günü.

　昨年 12 月にチャモルックに赴任したカイマカン（行政管理官）とともに、イチゴハウスの巡回をしました。3 月 9 日にこの地で行う、私達 SV の最終報告会を控え、現場を直接見ておきたいという強い意向から実現しました。地域の行政組織の長に、こうした草の根の取り組み現場を見てもらうことは、とても貴重です。農業者も地域の農業局の担当者も現在の状況とこの取り組みの価値を丁寧に説明してくれました。ハウスいちご栽培自体は、未だに課題が山積みですが、任期の最後にこうした機会を得られて幸せです。

3.3 JICA への最終報告

Ankara'da benin son faaliyeti reporu yapttım.Sonraki Giresun'da türkç ele yapaceğım.

　2 年間の活動の最終報告会を JICA のアンカラ事務所にて行いました。今回は日本語でしたが、来週はギレスンとチャモルックにてトルコ語で行います。報告会に先立ち、JICA の仲間と昼食会と行いました。そして終了後は、日本大使公邸の夕食会に招待をいただきました。豪華な雛かざりに迎えられ、絶妙な味付けの洋食と楽しい会話を満喫しました。これから 1 週間が ＳＶ活動の最後の山場です。

3.7 最後の出張

Dün Giresun'daki ofiste benim faaliyetleri reporu yaptım.

Bugün Çamoluğa dolmuşula geldim. 9 Mart'ta burada'da son faaliyetleri reporu yapacağım.

　私のトルコでのSV（シニアボランティアー）活動は、いよいよ佳境に入りました。昨日、派遣先の事務所にて活動報告会を行い、今日は現場のチャモルックへ移動。途中の乗り換え地点（アルジュラ）にて、いままで大変お世話になってきたミニバスの運転手と記念撮影。そして昼食は、スレイマン食堂の焼きたてPIDE（ピデ）を堪能。

　明日は、最後の現場巡回。そして明後日（9日）に最終報告会です。村長を始め集まって下さる方々には、報告会後にインゲン豆料理をご馳走する予定です。

　今回の報告会は、私の提案と出資にチャモルックのカイマカン（運営管理官）が合意して企画していただき実現しました。最後の活動として成功させたいと思います。

3.8　最後の農家巡回

Bizin son ziyaretler！Çamoluk'ta serası çilekleri gürüşürüz.

　チャモルックのイチゴハウスの最後の現地巡回をしました。それぞれのハウスとそれぞれの農家の人に特別な思いがあります。農家の人には明日の報告会でも会えますが、ハウスとは、これでお別れ

です。色々と学ばせていただき、本当にありがとうございました。

いちごを続ける人、止める人それぞれあり、最後まで読み切れませんでした。でもハウスは有効利用してくれるので、まずは良しとします。

3.9 チャモルックで最終報告

Benim faaliyetleri reporu yaptım.Çamoluk için benim faaliyetleri bitmiş. Çamoluk'daki arkadaşları çok teşekkür ederiz. Herkese tekrar güyüşürüz.

　チャモルック高校のセミナー室にて最終活動報告会を行いました。カイマカン（行政管理者）、バシカン（市長）、各村の村長を始め、80名を超える方々が来て下さいました。セミナー終了後は、地元産のインゲン豆料理を全員で味わいました。12月に企画と予算をカイマカン事務局に提案し、インゲン豆を購入しました。3ヶ月後にこうして実現することが出来て、本当に嬉しいです。企画を運営、参加してくださったチャモルックの職員と農家の方々に感謝致します。再び、ここを訪れることを約束します。

　今後の動きとしては、ハウスイチゴよりもインゲン豆の産地化へ

向けてのハード（灌水施設や出荷調整施設）、ソフト（生産組織の育成）の整備が進んでいく気がします。

　これで、現地活動は終了です。あとはギレスンにて事務的な処理が残っています。
（口絵写真「15. 最終報告会」）

3.12　リサイクル市の開催

Tekrar kullanmak için Pazarı yapttık.Japonya'ya dünümeden önce Apartment'deki arkadaşlara herşeri teşekkürüle parasızdan verdim.

　帰国まで一週間余りとなった日曜日。日本へ持ち帰らない物を有効利用していただくため、アパートの入り口でリサイクル市を開きました。事前に管理人や子供達には説明していたため、一緒に行うことが出来ました。寒空のもとでしたが、何とか過半の品は再利用が出来ました。子供達は品物の整理や市を開く理由を説明するなど、大活躍でした。

Ne güzel insanlarsınız. Giresun sizi unutmayacak her şey için teşekkürler. Bende teşekkürler. Çocuklarıla çok eğlendim.

　今日のギレスンは、濃霧が垂れ込めてとても寒かったので、お客

は互い違いにやって来る8組だけでした。1時間くらい高価な物以外は、ほとんど減らなかったのですが、「寒いので止める」と宣言したとたんに、タオルや洗剤などの消耗品をバタバタと持って行きました。結局、管理人（kapçı）家族が4割くらいの品を持って行きました。

3.14　農業写真展

Gıda tarımı ofistaki çalşan personlar çekten güzel fotoğrafları izleyorum.

　赴任先である食糧農業畜産局職員の写真展を見に行きました。全国の写真好きの職員達の作品は、プロ顔負けの腕並みです。世界有数の多彩で豊かな農業産地であるトルコのことが良くわかります。これらの入賞作が本年度に各事務所、各職員に配布されるカレンダーを飾ります。

　どれも素晴らしい写真です。本当にプロ顔負けの技術とセンスが感じられます。

　日常的（毎年）にこの景色を見ていて、あらかじめチャンスを狙っていないと絶対に撮れないものばかりです。

　ところで、トルコでは、4月16日に憲法改正のための国民投票が行われます。今後のトルコの方向を決める重要な投票になります。

3.16　職員への感謝を込めて（最終試食会）

Giresun'un tarımdaki arkadaşlara teşekkür için Çamoluk'tan alan kuru fasulye yemeği verdik. 2 yıl sürede çok teşekkür ederiz.

　ギレスンの職員食堂にて、2年間のこの地で無事に活動が出来たことへの感謝を込めて、チャモルック産のインゲン豆を使った料理を提供しました。100人もの方々が味わってくれました。夕食は、同僚のタルガさんが自宅に招待して下さいました。夕方には、急遽、女性農業者能力向上研修の場にて活動紹介を行うなど、多忙で楽し

い一日となりました。私の赴任先での活動はあと1日だけとなりました。

3.18　最後の旅もシャブシャット

Benim sonu tatilde Artvin'deki Şavşat'a gittim.Arkadaşlar,Karlı dağlar ve güzel köyüler tekrar gürüşürüz.

　ギレスンから420km離れたアルドビン県のシャブシャットへ6回目の旅をしました。周囲を美しい山々に囲まれた高原の街は、四季それぞれの表情を楽しむことが出来ます。2年前に偶然、この街で知り合ったファチフさんと家族の皆さん、本当に素敵な時を過ごすことが出来ました。ありがとうございます。きっとまた、遊びに来ます。そして日本でもお待ちしています。

3.20　活動最終日を終えて

Giresun il gıda tarım'daki son çalşam günü. 2 yıl sürede herkese çok teşekkür ederiz.Tekrar gürüşürüz！

　2年間の赴任先での活動が終わりました。2月7日からの40日余りは、瞬く間に過ぎ去りました。55歳の夏に決心した私の国際協力10年計画の序盤は、最後の半年間で何とか、今後に活かせるものを得た気がします。トルコの職員と農家の方々には本当に感謝いたします。

　SV（シニアボランティアー）は過酷な環境には耐えられませんので、一定以上の安全で快適な生活が保障されます。現場はともかく、職場の環境は日本よりも数段、快適でした。反面、現場に入り込み、風土や作物の生育や住んでいる人達の習慣・考え方を理解した上で行動するには、限定された時間と語学力で必死に行わなければならないことを痛感しました。多くの時間を費やすことが可能な協力隊員や日本での仕事よりも遥かに困難でした。数年後に迎える予定の

中盤戦の課題はこの点になるのでしょうか。

　今回の３倍以上の日数は、現場に入っていきたかったというのが本音です。農家や現場の職員と口論が出来るようにならないと本当の課題は見えません。今回は、そこまで到達しませんでした。４人のＳＶそれぞれに別々のカウンターパートがいたら、全く違った活動になったかも知れません。

　本当に農業は Agri Culture だと痛感しました。当初、日本人の目には非合理に見える方法の全てに合理的な理由がありました。新技術を導入することは、新たな文化を取り入れることと同じことなのですから、じっくり、しつこく根気強くやるしか方法はありません。Yolunuz açık olsun güzel insanlar　　Teşekkür ederiz.

３.２１　最後のゴミ拾い、そして別れ

　早朝のジョギングをした後、11 時から海浜公園にて 92 回目のゴミ拾いを行った。ゴミの種類は、タバコ、お菓子の袋、ビール・ワイン、そしてビニール袋。これは毎回変わらなかった。

　２時過ぎに、不動産屋と家主が部屋を確認した。荷物を一階へ降ろした後、いつもどおり子供達と遊んだ。

　そして午後４時 45 分に空港への送迎車が到着。その瞬間に遊びは終わり、子供達を抱きしめて別れを告げた。トルコに来て一番つらい別れだった。

トルコを去る前に

1　活動結果

　2年間に赴任先のギレスンから190km離れたチャモルックへ合計37回出張し、130日間の活動をした。活動現場の滞在がわずか130日間に留まるとは、全く予想をしていなかった。しかし、これとて赴任直後から「現場で活動をしたい」と強く要望してきた結果なので、「限られた条件の中で出来ることはした」という満足感はある。活動の成果は、次の3つに集約される。

（1）いちご栽培に強い意欲のある農家を募集、選抜し、ビニールハウスと育苗のための畑を新設し、栽培を軌道に乗せた。

　1年目は、既に設置してあった3棟のハウスを巡回し、生育と栽培管理状況を観察し、温度変化を調査した。2年目は、確認した内容に基づき、改善点を記載した2年連続栽培法のパンフレットを300部作成し、農家に栽培指導を行った。また、いちご栽培に意欲のある農家を募集・選抜し、JICA（国際協力機構）から補助金を得て、ハウスと育苗用の畑を新設した。

（2）地域の特産物であるインゲン豆の栽培状況を調査し、問題点を地域リーダーに示すことにより、産地へと発展させるための方法をリーダー自身が考えるようになった。

　1年目は、主な村の栽培状況を調査し、村ごと農家ごとに収量・品質差が大きいことがわかった。2年目は、こうした問題点を地域リーダーに示し、産地へと発展させるための改善方法をリーダー自身が考えるよう誘導した。

　2016年9月24日には、地理的認証制度への申請を記念してインゲン豆フォーラムを開催し、2017年3月9日には、シニアボランティアーの活動報告会を開催した。ともに100名を超える地域のリーダーが参加した。

いっぽう、インゲン豆の雑草対策の改善を目指した展示ほ場を設置したが、出張の移動経路上にＰＫＫ（グルド解放戦線）の活動拠点が発見されたため、しばらく出張することが出来なくなり、除草が出来なくなり見事に失敗した。

2年目には、インゲン豆の流通促進対策として、5月に派遣先の事務所の職員から計64kgの注文を取り、農家に予約し、10月の収穫後にチャモルックからギレスンに運搬し、販売した。さらに40kgのインゲン豆を農家から購入、ギレスンの職員食堂において、計4回試食会を開催し、延べ300人に無料で提供した。結果的にこれらが公私にわたりお世話になったギレスンの職場の仲間へのお別れのあいさつとお礼となった。

（3）その他の活動

地域の素晴らしさの再認識を目指した地域おこしの啓蒙パンフレットを2種類作成し、地域のセミナーの参加者や農業者に配布した。

①グゼル（素晴らしき）ギレスン 500部
②グゼル（素晴らしき）チャモルック 800部

また、毎週土曜日にアパート近くの公園の清掃ボランティアーを行ってきた。帰国当日にも行い92回に達した。この活動はギレスンの地域メディアやトルコの全国メディアに紹介された。

さらに、近隣に住む子供達と日本の折り紙作りや手遊びを日々、一緒に行い、多くの子供達が習得した。帰国前には子供達が折り紙を贈ってくれた。

2 JICA ボランティアーについて

29年ぶりに JICA ボランティアーとして活動したが、地域住民の一員として出来ることから始める。という点は、青年海外協力隊もシニア海外ボランティアーも全く同じだった。今回も現地の派遣先では、過去2年間の状況の変化から、具体的な要請内容が無くなっ

ていた。しかし、派遣先からの要請が無いことはマイナスな点ばかりでは無く、現状をじっくり見ることが出来る貴重なチャンスでもある。もとより、しばらくの間は、言葉・文化・習慣が分からず、知人もいない。自分の身の回りのことをするだけで精一杯だ。まともな活動など出来るはずが無い。29年前と同様に今回もそう思うことで、何もすることが無い不安を取り除いていった。しかし、私の場合、現場に行って作業をして始めて役に立てる隊員なので、「一刻も早く現場へ行きたい」という意向は強く訴えた。その結果、定期的にチャモルックへ出張し、自ら要請内容を発掘し、現地で宿泊して活動をすることが出来た。最終的に一定の成果を上げることが出来たのは、当初段階でこうした意思を明確に示したことが大きく影響したと思う。

　また、今回は協力隊員とシニアボランティアーの地域社会とのかかわりの違いを認識した。協力隊員は、活動現場に居住し、現地の人々と同様の住居に住み、地域の住民として生活するのが基本となる。私も協力隊時代には、町外れの長屋にタイ人の同僚と一緒に暮らしていた。家はほぼ開放状態で、近くの子供やおばさん、おじさん達がやって来ては、雑談をしており、プライバシーが無きに等しい状況だった。いわば、カオスともいえる現地の混沌とした社会の中に身を委ねていた。

　一方、シニアボランティアーは、セキュリティーが整った家にしか住むことが認められない。ギレスンにて私が居住したアパートは、棟の入り口に鍵があり、部屋のドアの鍵は、入居時に新たなものに付け替えるほどの徹底した管理状態だった。部屋の中では、完璧なプライバシーが保たれた。日本のNHKの国際放送（英語放送）をテレビで見て、インターネットで日本語のニュースを確認し、日本の家族や友人とSNSを使って連絡を取り合っていると、トルコにいることを忘れるほどだった。このようにシニアボランティアーの生活は、安全で快適だった。反面、協力隊員としてタイに滞在した時のような、現地の言葉の洪水や理解不能な習慣、生活様式にさら

される機会は少なかった。また、宗教が異なることもあり、トルコ人達の集まりや家族の中にどっぷり入り込むことも出来なかった。派遣先の主要プロジェクト（多額の予算が付いた事業）には、語学力の不足もあり助言の要請が無く、関与しなかったため、職員の本音にも入り込めなかった。この点はとても残念だった。次回、新たな国に派遣される時には、当初から現地語の語学力を磨き、さらに積極的に現地のコミュニティーに参加して、この壁を乗り越えたい。

あとがき

「農業普及員、ひろしのトルコ日記」は、私の2冊目の著書です。初めての著書は、平成元年（1989年）に自主出版した「メコン河のほとりからサバイディー」。27才から29才にかけて青年海外協力隊に参加し、タイ王国東北部のラオスとの国境の街、ノンカイにて過ごした日々を妻や両親に送った手紙を中心にまとめました。200通を超える手紙や葉書をワープロで入力し、出版費用を負担し、書物にしてくれたのは父でした。

生まれて初めて作った本は、100部を印刷し、家族やお世話になった知人を中心に配布し、一部は実費で販売しました。多くの人たちからの感謝、励ましと共に同意、反論など様々な意見が送られました。書物を世の中に出すことの影響や意義の大きさを強く感じました。

それから26年が経過して、私はシニア海外ボランティアーに応募しました。1次試験は書類選考でした。出願書類には、今までの職務経歴と主な業績、今までのボランティアー活動経験、現地の要請内容に対してどのように対応するのか、帰国後に日本社会に経験をどのように還元するのか、などを具体的に記載します。経験を日本社会に還元する方法として、私は迷わず、「帰国後に本を出版する」と書きました。ですから、この本を出版することにより、私のトルコでのシニア海外ボランティアー活動は完結します。

とはいえ、日々、体験したり、見聞したり、感じたことを書き溜めていかなければ、本の素材は出来ません。写真も同等に現場で撮り続けて、時系列に整理しておくことが必要です。私は8才の時から毎日、日記を書いていますが、別途ワープロソフトで入力しなければ、本の素材にはなりません。ワープロソフトで直接、日記を書くのには抵抗があります。もっと簡単に本の素材を作っていく

方法が無いかと考えていた時にふと、思いついたのがフェイスブックでした。活動しながら出来るだけ多くの写真を撮り、その中から第3者にもわかりやすいものを選んで、短い文章を付けてアップする。同時に文章はワープロソフトにコピーして保存する。写真も月日ごとにフォルダーを作り、アップしたものには名称を付けて保存する。この方法をJICA二本松研修センターでの訓練時に試行してみました。さほど手間がかからないため、トルコへの赴任時から本格的に開始しました。

　フェイスブックをアップする際に意識したことは、日本から物理的にも文化的にも意識的にも遠く離れたトルコ、しかも地方からの情報をどのようにして、日本の知人に楽しく見てもらうかという点です。初めのうちは日本とは異なる景観や習慣をアップしました。しかし、ギレスンという地に日本人が地域の一員として生活し、職場の一員として現場で仕事をしていることが最も興味を感じることに気づき、日々の活動や暮らしにその場で感じたことを加えていくという構成にしました。結果的にこれが、本を作るための素材として、とても役に立つものになりました。

　この本をまず、始めに読んでほしいのは、家族です。特に父には、29年前に「メコン河のほとりからサバイディー」を作ってくれた感謝を込めて渡すつもりです。そして、トルコ派遣中に事故で亡くなった読書好きの祐輔に贈りたい。

　また、2年間、私のフェイスブックの中で語り合ってきた友人に読んで欲しい。

　インターネットを利用したSNSは、JICAボランティアーを含む

外国で暮らす人々の暮らしを激変させた。30年前にタイで活動していた時は、片道1週間もかかる郵便が家族との主な連絡方法だった。電話は、順番待ちをして、3日分の生活費を費やして、わずか3分間だけ話せる緊急連絡のための通信手段だった。

　今回、トルコでの生活では、いつでもどこでもインターネットを通じて、日本の家族に連絡を取ることが可能だった。世界で活動するJICAボランティ

アーの仲間や日本の友人・知人とのやりとりが私のフェイスブックに輝きを与えてくれた。さらにトルコ語での説明を加えた後は、トルコの仲間達や彼ら、彼女らの知人から様々な反応をいただいた。トルコ語を話すだけでは、十分に自分の活動や考えを説明できない私にとって、フェイスブックは、意思疎通を補う大きな武器となった。帰国後も情報交換は続いている。私の帰国後、チャモルックでは、町のプロジェクトとして、私達が現地実証を目指した筋状栽培により、新たに10haのインゲン豆の栽培が実施されている。上記の写真がその状況です。本当に嬉しいです。近い将来、再びチャモルックを訪れ、彼らと広大なインゲン豆畑で再会したいと思います。

　おわりに、この本の出版にあたり、編集から予算、販売に至るまで全面的に支えていただいた、まつやま書房の山本正史氏および山本智紀氏、推薦文を執筆いただいた放送大学の河合明宣教授に心から感謝いたします。

平成29年9月○日

巻末資料

①パンフレット

　私はギレスンに配属された３人のシニアボランティアーの仲間とともに２年間の活動を通じて、様々なパンフレットを作成しました。

　それらは、

1　ギュゼルギレスン（素晴らしきギレスン）　　　　口絵１
2　ギュゼルチャモルック（素晴らしきチャモルック）　口絵２
3　ハウスいちごの栽培方法
4　地理的認証制度を知っていますか　の４種類です。

　地域おこしのためのパンフレットである１と２は、口絵に掲載し、技術的なパンフレットである３と４は、巻末に掲載しました。

　ギュゼルギレスンは、ギレスン県全体について、自然、食糧、農業・畜産、人々の素晴らしさを写真とコメントで説明しています。ちなみに表紙はチャモルック郡ウスジャ村の緑川流域の景観です。裏表紙は、ギレスンが誇る特産物であるヘーゼルナッツの乾燥風景です。

　ギュゼルチャモルックは、チャモルック郡内について、同様にまとめましたが、自然、食糧、人々と併せて、私たちシニアボランティアーの活動の一部を紹介しました。こちらの表紙は、地域の全景と湧き水、裏表紙は街の中心部の景色です。私たちの活動紹介は、イチゴ栽培の指導、農家とのふれあい、イベント企画の検討風景を載せました。また、人々のコーナーにインゲン豆フォーラムの際に日本の文化紹介として法被を試着してもらった時の様子を加えました。

　その他、様々な写真がパンフレットには掲載されています。本文を読みながらぜひ、探り当ててください。

②普及活動についてのイラスト

普及の本領

　新規採用された農業改良普及員の参考資料として専門技術員時代（1996〜1999）に作成したものです。現在は、資格取得の要件や名称が変更されていますが、活動内容の参考資料として御覧下さい。

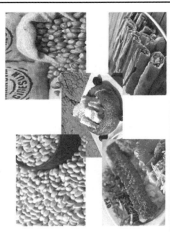

COĞRAFİ İŞARETLER HAKKINDA BİLGİNİZ VAR MI?

Coğrafi İşaret Edinme Önerisi

Türkiye'de Coğrafi İşaret Belgesi Almış Bazı Ürünler

Coğrafi İşaretin Adı	Başvuru ve Koruma Tarihi
ADANA KEBABI	15.08.2003
BAFRA PİDESİ	20.05.2005
GÜMÜŞHANE DUT PESTİLİ	23.01.2004
GİRESUN TOMBUL FINDIĞI	18.09.2000
SAFRANBOLU LOKUMU	22.05.2006
AKHİSAR DOMAT ZEYTİNİ	04.11.2010
AKÇAABAT KÖFTESİ	31.07.2008
DENİZLİ LEBLEBİSİ	20.02.2008
DİYARBAKIR ÖRGÜ PEYNİRİ	15.02.2010
ESKİŞEHİR LÜLETAŞI	27.10.1997
ESKİŞEHİR ÇİĞBÖREĞİ (ÇİBÖREK)	19.04.2010
GÜMÜŞHANE KÖMESİ	23.01.2004
KANGAL KOYUNU	06.05.2002

Kaynak: Türk Patent Enstitüsü. http://www.tpe.gov.tr/TurkPatentEnstitusu/

● Bir örnek

Çamoluk Belediyesi Çamoluk kurufasulyesi için Coğrafi İşaret başvurusunda bulundu.

HUZUR VADISI ÇAMOLUK

Çamoluk Kaymakamlığı sponsorluğunda Coğrafi İşaretin önemini belirtmek için bir forum gerçekleştirildi.

Bu Foruma Gıda tarım ve Hayvancılık Bakanlığı yetkilileri, vatandaşlar ve idari personel katıldı.

Açılış Konuşması

Tatma Partisi

Japon kültürünün tanıtılması

Japan International Cooperation Agency

Ocak 2017
Japon Uluslararası İşbirliği Ajansı (JICA)
Kıdemli Gönüllü Yoshiki NIWA
Kıdemli Gönüllü Mika KODAMA

Coğrafi İşaret Nedir?

Amaç: Coğrafi işaretler altında doğal, tarım, madencilik ve sanayi ürünlerini korumak.

- Taklitlerin giderilmesi
- Marka Gücünün Güçlendirilmesi

Ne Zaman Başladı?

1992

1995

Kimler başvurabilir?

- Üreticiler/Yetiştiriciler
- Tüketici Dernekleri
- Üreticiler/Yetiştiriciler ile İlgili Kamu Kuruluşları

Başvuru İş-

a) Başvuru Sahibinin Bilgileri
b) Ürün Adı ve Türü
c) Ürünün Tanımı
d) Coğrafi Belgenin Tanımı
e) Üretim Teknikleri
f) Denetim Yapısı ve Etiketleme Bilgisi

Coğrafi İşaret Türleri Nelerdir?

1-Menşe Adı
Bir ürünün:
- Coğrafi sınırları belirlenmiş bir yöre, alan, bölge veya çok özel durumlarda ülkeden kaynaklanması.
- Tüm veya esas nitelik veya diğer özelliklerinin bu yöre, alan veya bölgeye özgü doğa ve beşeri unsurlardan kaynaklanması.
- Üretimi, işlenmesi ve diğer işlemlerinin tümüyle bu yöre, alan veya bölge sınırları içinde yapılması durumunda "menşe adını" belirtir.

2-Mahreç İşareti
Bir ürünün:
- Coğrafi sınırları belirlenmiş bir yöre, alan veya bölgeden kaynaklanması.
- Belirgin bir niteliği, ünü veya diğer özellikleri itibariyle bu yöre, alan veya bölge ile özdeşleşmiş olması.
- Üretimi, işlenmesi ve diğer işlemlerinden en az birinin belirlenmiş yöre, alan veya bölge sınırları içinde yapılması durumunda "mahreç işareti" göstergesini belirtir.

Coğrafi İşaret Başvurusu Sonrası

Coğrafi işarete başvuran kurum üretimi ve pazarlamayı incelemek için yeterli kalifiye personel, ekipman ve kaynaklara sahip olmalıdır.

Coğrafi İşaret Hakkı Önleme Hakkına Sahiptir.

- Benzer ürün adları.
- Benzer emtia tarzı.
- Yanlış ve yanıltıcı gösterge.
- Herhangi bir pakette yanlış bir izlenim ifade etmek gibi.

Coğrafi İşaretin Avantajı Nedir?

AB'deki kanunun ve koruma amaçları.

Ürünler için:
- Bölgesel gıdaların itibarını korumak.
- Kırsal bölgelerden gelen ürünleri teşvik etmek.

Tüketiciler için;
- Üreticilerin haksız ve yanıltıcı rekabetini ortadan kaldırmak.
- Tüketicilere açık ve yeterli bilgi sağlamak.

Çiftçiler ve Üreticiler için;
- Yüksek bir fiyat elde ederek üreticilere yardım etmek.
- Kaliteyi yükselterek çiftçilerin gelirini arttırmak.

Belediyeler için;
- Kırsal ve tarımsal faaliyeti teşvik etmek.
- Kırsal alandaki nüfusun korunması.

Bölgesel canlanma bekleyebilirsiniz

SERADA ÇİLEK YETİŞTİRİCİLİĞİ

T.C.
GİRESUN VALİLİĞİ
İL GIDA TARIM VE HAYVANCILIK
MÜDÜRLÜĞÜ

Seradaki çilek yetiştiriciliği

1. Fide
2. Dikilir
3. Gölgelendirme filesi takılır
4. Toplama
5. Fide Sökümü

İkinci Yıl
★ Bitti

Çamoluk'ta Sera Çileği

Seradaki çilekler

Çamoluk'da dört çiftçiyle serada çilek yetiştirmeye çalışıyoruz.
Bu broşürü gördükten sonra daha fazla insanın serada çilek ekimi üzerinde çalışma yapmasını bekliyoruz.

Japon Uluslararası İşbirliği Ajansı
Hiroshi SATOMI
Naoko IWASA

1. Fide

Sera yanında açık alanda yetiştirilir.

1m 1m
2 m

Fideler Mart-Nisan aylarında toprağa dikilir.

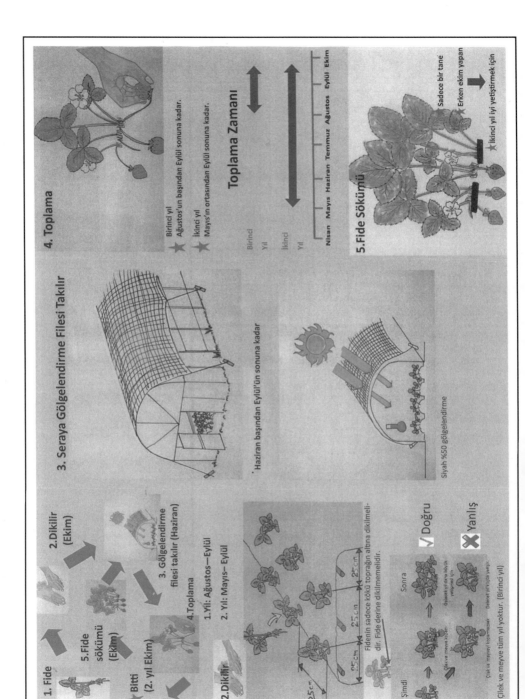

普及の本領

原作・里見洋司
（埼玉県専門技術員）
まんが・よだひでき

里見洋司（さとみ・ひろし）

1959 年 1 月 18 日　埼玉県狭山市生まれ。東京都東久留米市および中野区にて育つ。
私立城北高校卒業後、東京農業大学農学部畜産学科に入学、1981 年 3 月卒業。
埼玉県職員（農業改良普及員、専門技術員、普及指導員）として 34 年間勤務。
勤務をしながら、放送大学大学院に入学し、2004 年に修了（教養修士）。
2015 年から 2 年間、JICA シニア海外ボランティアー（野菜栽培）としてトルコにて活動。
2017 年から民間企業の職員として、ベトナムにて野菜栽培を指導している。
埼玉県比企郡小川町　在住。

農業普及員ひろしのトルコ日記
　56 才の誕生日を目前にチャレンジ
　2 年間の奮闘記

2017 年 9 月 25 日初版第一刷発行

著　者　里見洋司
発行者　山本　正史
印　刷　恵友印刷株式会社
発行所　まつやま書房
　　　　〒 355-0017 埼玉県東松山市松葉町 3-2-5
　　　　Tel 0493-22-4162Fax 0493-22-4460
　　　　郵便振替 00190-3-70394
　　　　HP：http://www.matsuyama-syobou.com

ⓒ HIROSHI　SATOMI
ISBN 978-4-89623-106-9 C0095
著者・出版社に無断で、この本の内容を転載・コピー・写真絵画その他これに準ずるものに利用することは著作権法に違反します。
乱丁・落丁本はお取り替えいたします。
定価はカバー・表紙に印刷してあります。